どん底と幸せの法則

会津昭和30年代村企画株式会社 社長
川《かわ》又《また》三《さ》智《ち》彦《ひこ》

SIBAA BOOKS《シバブックス》

はじめに

「一五〇〇億円の大借金」

これは、二五年前のあのバブル崩壊によって、私一個人に背負わされた借金の額です。

「単位が違うのではないか」と思われた方もいるかもしれませんが、崩壊するまでの私は、「ウィークリーマンション」いう新事業を日本で立ち上げ、週刊誌『週刊現代』（一九八八年二月）に「日本の金満家」として、ブリヂストンの石橋幹一郎氏、イトーヨーカ堂の伊藤雅俊氏、ダイエーの中内功氏らと並んで取り上げられる大富豪の一人でした。

「さんのよんよんまるまるわんわんわん、ツカサのウィークリーマンション」

社長の私自らがＣＭに出演したことで話題になったので、「ああ、あの社長か」と憶えておられる人も多いと思います。

二〇一五年、日本テレビ「幸せ！ボンビーガール」での新企画として、「かつて一世風靡した社長で、その後転落の人生を歩み、それでも再起を目指している人物として誰がいるのか」という話になったとき、打ち合わせ出席者の全員一致で名前が挙がったのが、私だったようです。やはりあのＣＭは人々の心の中で生き続けているようです。

頂点からいきなり叩き落されるのを「ジェットコースター人生」と呼んだりしますが、私のどん底は、それだけでは終わりませんでした。

二度の脳梗塞と事故、そして心筋梗塞
米国リーマンショックで二度目のバブル崩壊を経験
七九〇億円の会社破産
八三〇億円の個人破産
そして、福島を襲った未曾有の天災と人災

これらは、二〇〇八年から六年の間に経験させられてきた、どん底です。

「私だけがなぜこんなひどい目にあうんだろうか」

大富豪から転落して大借金を背負わされたとき、何日も寝られない日々を過ごしました。何度自殺を考えたかは数えきれません。

このとんでもないどん底でも、私は生きています。


この本は、「人は人生においてどん底という、とんでもない経験をなぜさせられるのか」という疑問からスタートしました。どん底経験は振り返りたくはないと思っている人が大半だと思いますが、私が自分のどん底を振り返って一言言えるとすれば、「振り返りたくないと考える皆さんは、人生において大きな損をしている」ということです。

成功話にはスポットライトが当てられますが、どん底話は誰も聞いてはくれません。しかし、私はあえてこのどん底をテーマにしました。

それは、成功自慢話よりも、失敗どん底話にこれからの困難の時代をどう生きるのかのヒントがあると思えるからです。格差、二極化で今まで通りの生活ができなくなって、このどん底体験を味わう人が増えています。これからもますます増え続けていくことでしょう。こんな時代だからこそ、自分のどん底ときちんと向き合っていくことの大切さをお伝えしたい。

どん底は決してマイナスの出来事ではありません。
どん底は、ひっくり返せば、チャンスになる。

このことを私の実体験をお話しすることから感じ取っていただきたい。
さあ、私とともにどん底を抜け出しましょう。

どん底と幸せの法則　目次

第一章

どん底だらけ

一　大富豪からボンビーとなり、破産者へ　—すべてを失い、また一から出直しです

人間だれしも「どん底」なんて経験したくはないものです。

しかし、なぜ人はこの「どん底」を味わうことになるのでしょうか。

「どん底」には、いったいどんな意味があるのでしょうか。

その答えは、この本を読むだけではわかりません。

自分自身が実際に「どん底」状態にならなければ、決してその意味がわからないようにできていると思うからです。

どういう状況になったときを、人生の最低、最悪と感じるかは、人それぞれ違っていて当然でしょうが、そこで感じ取るメッセージもまた違っているかもしれません。ただ、みんなに共通していることがあります。

それは、

「どん底に追い込まれなければ、自分の人生について考えない、振り返らない」

ことです。

一方、どん底で必死にもがいている人は、これからどうしようかとか、どうしてこうしなかったのだろうかとか、不安と後悔で苦しんでいることでしょう。

また、起きたことが自分で受け入れられずに苦しんでいる人もいるかと思います。

まずは私が体験させられてきたどん底経験からお話しすることにしましょう。私のどん底経験をご自身のどん底と照らし合わせて振り返ってみてください。

私は読者の皆さんが想像もできないような、超「どん底」経験をこれまでの人生の中で強いられてきました。それもこれからお話しするように一度や二度ではありませんでした。

これまでのどん底を振り返ると、一つのどん底を死に物狂いで乗り切るたびに、また次なるどん底が待っていたように感じます。それももっと大きなどん底になってやってきました。

それはあたかも私に本物の「生きる意味」「人生の目的」を探せと命じているかのようでした。

私は二度、バブル崩壊の直撃を受けています。一九九〇年の地価暴落と、二〇〇八年のリーマンショックです。人生で二度、バブル崩壊によるどん底を経験させられたのは、私ぐらいかもしれません。一度目のバブル崩壊では、不動産資産が一夜で吹き飛んで大借金だけが残るという経験をしましたし、リーマンショックでは会社も自宅も失う経験をしました。こんなとんでもないどん底にあいながらも、自分で自分を追いつめることだけは決してしませんでした。

二度もこんなことがあると「自分には運がない、もうダメだ」と思ってしまいがちですが、それはそのどん底にどんな意味があるのかを考えたことがないからです。

私はこの本の企画で改めて自分の人生のどん底を振り返りましたが、まさに「どん底　だらけ」と呼べる人生でした。しかし、そのどん底の振り返りは、私に起きた数々の奇跡を知るチャンスでもありました。

それでは、私の今までのどん底人生がいかなるものであったのかをお話しすることにしましょう。

二　これでもかと続くどん底人生

どん底　第一幕　五歳　〝幼稚園中退〟で引きこもりから始まったどん底人生

あなたにとって人生最初の挫折体験となったのは何ですか。

そう聞かれると、多くの人は「初恋」と答えるのかもしれません。自分の思いを打ち明けられないまま卒業して後悔したり、ふられて落ち込んだりといった経験が、人生最初の挫折ではないかと思います。

そして「受験」がその次に来るでしょう。最近では幼稚園から「お受験」が始まりますが、たいていの人は大学受験で志望校に入れなかったことが挫折体験になっていることでしょう。

どん底は、懸命にやったのに自分の思い通りにならなかったとか、やろうと思ってできなくて後悔することから最初は味わうものとなるのでしょう。

「幼稚園中退」

わずか五歳で私のどん底人生は始まります。幼稚園児なのにどうしてと思うかもしれません。幼稚園の時期といえば、楽しかった記憶しかない人のほうが多いのかもしれませんが、なぜか私はその時期に嫌な思い出ばかりしかありません。友達との人間関係で幼稚園に行くのが嫌になって中退したのです。今で言う、登校拒否とか、引きこもりということになるのでしょうか。

この引きこもり（hikikomori）という日本語が英国オックスフォード大出版局の辞書「オックスフォード・ディクショナリー・オブ・イングリッシュ」に載っているということですから、引きこもりは日本だけではなく、世界的にも増えて当たり前になってきているようですが、私は幼稚園児の引きこもりですから、よほど重症（？）だったのかもしれません。

なぜ幼稚園児でどん底を味わうことになったのでしょうか。

そうなったのは、私の性格からでした。人見知りするというより、知らない人と一緒にいることができなかったのです。今の私を知る人からみれば、そんなのウソだろうと思うかもしれませんが、幼い頃の私はこんな性格。幼稚園ですから友達ができて、遊んで家に帰ってこなかったり、いたずらをして親に怒られたりということが当時の思い出になっている人が多いと思いますが、私はとにかく他人がいる所が嫌でした。

かといって友達がいなかったわけではありません。近所の友達がよく家に遊びにきてくれていました。しかし、友達が来ていても遊んでいるうちに疲れて片隅で寝ているとか、皆がわいわいと遊んでいるのに私だけがいないというのが常でした。

独りでいることが好きだったからです。

幼い頃からそうでした。家族が出かけていって独りで留守番をするのは普通なら嫌でしょう。特に夜になると、「お化けが出る」と思うと怖くていられない。でも、私は明かりも点けずに独りで真っ暗な中でいても平気な子供でした。

それが幼稚園に入って、この性格でとんでもない目にあうとは思ってもみませんでした。

これまでは家族とか、近所の友達だけですから、知らない人はいません。

ところが、幼稚園に行く年齢になって、いきなり知らない子ばかりがいる場へ放り込まれたのです。幼稚園というのは、本来、知らない子供同士が一緒に遊んで友達を作り、共同生活をすることを学ぶ場なのでしょうが、私はそれが嫌で仕方がありません。

四月に入園して、わずか三か月で行くのが嫌になってしまいました。

母親に思い切って「もう行きたくない」と話しました。すると母親は「そんなに行きたくないならいいんじゃない」と、すんなり受け入れてくれたのです。幼稚園だから思うようにさせてくれたのでしょう。ここで親に反対されていたら、私の人生はどうなっていたかとも思いますが、母親が受け入れてくれたことで、そのまま幼稚園を中退してしまいました。

こうして私のどん底は引きこもりから始まりました。それからというもの、まるで私という人間を試しているかのように、次から次へと試練が襲ってくることになります。

どん底 第二幕　十二歳　小学校では、無断欠席の常習犯。ついに田舎に逃避

そしてピカピカの一年生、小学校入学の頃を迎えます。ランドセルを背負って入学式に向かう前に撮った写真が残っている人も多いのではないでしょうか。このときが一番楽しいはずですが、私にとっての小学校入学は、また新たなどん底生活の始まりでした。

幼稚園には母親に話せば行かなくて済みましたが、小学校はそうはいきません。義務教育です。性格がそう簡単には変わるはずはありませんから、集団生活が嫌で仕方がない私は、小学三年生にして、無断欠席、遅刻、早退の常習犯になっていました。

「行ってきます」と朝は元氣に家を出るんですが、皆がいるから学校には行きません。周辺をうろうろしたり、公園で遊んだりして時間をつぶして、下校時間が来れば、皆と一緒に家に帰るという日々でした。無断欠席が当たり前です。学校に行けば行ったで、決まって身体の調子がおかしくなるのです。いつも保健室にいて、早退する。そして家に帰る頃には何事もなかったように元氣になっているという子供でした。

小学六年生になって、とうとう学校に行かなくなってしまいました。

集団生活が嫌で行かなくなった学校でしたが、「勉強ができない」と思う気持ちがますます学校を遠ざけていきました。学校に行っていないから、授業に出ることもありません。成績がいいはずはありません。

「勉強嫌い」

学校に行きたくない思いが新たなコンプレックスを作ってしまったのです。

その六年生の夏休み、親戚のお兄さんが東京見物にやってきました。これが私の大きな転機になります。親戚のお兄さんが毎晩、私の家庭教師になって勉強を教えてくれたからです。

「勉強はこんなにも楽しいものなのだ」

このときばかりは、自分で自分が信じられないくらいに勉強をしました。

しかし、夏休みが終わると、お兄さんは田舎に帰ってしまいます。

「ああ、楽しかったなあ。これでもう終わりか。さびしいな」

「さて、これからどうしよう」

と思った私は、

「僕も一緒についていく」

ととっさに言ってしまいました。

そして私は、新学期を逃げるように、お兄さんがいる栃木の学校に転校します。

「東京の学校には籍は置いておくから、ダメだったら戻ってきなさい」

どうせすぐに飽きて戻ってくるよ。小学校の先生も、私の母親もそう考えていたようです。

私はこの人たちの予想に反して、田舎での学校生活を楽しんでしまいます。

当時としては東京から転校生がやってくることが珍しかったからです。私はいわば、ヒーローになってしまったのです。

「友達がきているよ」

田舎に来たばかりの私に友達がいるはずはありませんから、びっくりです。

それは「どんなやつが来たのか」と見に来たのです。それからというもの、近所の子供たちが何人もやってきて、すぐに友達になってしまいました。そこで田舎の遊びをずいぶんと教わりました。たった二学期間のことでしたが、私は東京に逃げ帰ることなく、その栃木の学校で卒業します。

そんなときの友達は生涯忘れないものです。今でも付き合いがありますが、この歳になって当時のことをいろいろと考えることがあります。

「なぜ親切にあれやこれやと田舎の遊びを教えてくれたのだろうか」

そして一つ氣付いたのは、

「教えてもらっている私よりも、教えている彼らのほうがはるかに楽しかったのではないか」

ということです。

どん底の小学校生活が嫌で逃げ出した田舎生活。ここでのどん底体験がなければ、今、私が生涯の使命と決めて取り組んでいる「昭和30年代村」構想（後述）もひらめかなかったのですから、人生とは不思議なものです。

どん底 第三幕　十八歳「勉強嫌い」でアメリカ留学。知らなかったアメリカの大学制度

思えば、小学六年生のこの二学期だけは幼稚園からのどん底生活の苦しさから解放してくれた時間、いわば、長年の辛抱のご褒美のような時間でした。

しかし、楽しいときは一瞬で過ぎ去ってしまいます。

東京に戻れば、あの生活に逆戻りです。小学校を出れば、当然、中学です。再びやってきた難題は、勉強でした。

勉強という勉強をこれまでしてこなかったのですから、成績が悪いのは当たり前です。そして勉強嫌いになって、新たなどん底を呼び込んだのです。

「とにかく受験なんてしたくない。どうすればいいのか」

自分が作ったどん底から逃げることばかりを考えていました。

〝念ずれば花開く〟とはよく言ったもので、私の思いは叶うのです。不思議です。小学生の子供が、受験が嫌で悩んでいる。見兼ねた親が私にピッタリの学校を探してきてくれました。それが開校したばかりの中高一貫校「サレジオ中学」でした。今では進学校になっているとのことですが、できたばかりの当時は、定員に満たないで何度も入学試験をしている学校でした。

それでも、誰でも受け入れてくれるわけではありません。勉強していない私は、不合格。当たり前とは思っていましたが、ショックはショック。それでもここに受かれば勉強しなくてすむとの一心であきらめず、第三次募集でなんとか合格を勝ち取ったのです。

「やった、これで高校まではエスカレーターでなんとか行ける。もう勉強しなくていい」

合格通知がそう思えた私は、ますます勉強しなくなり、学校も無断で休むようになっていきました。

ところが、中学校の先生はそう甘くはありません。安心しきっていた私を、先生のたった一言がどん底にたたき落します。

「勉強しなければ高校には上がれないから、そのつもりで」

高校までは楽勝だと思っていた高校受験が「そうではない」と警告されたのです。今思えば当然でしょうが、どん底から逃げることばかりを考えていた私にはかなり大きなショックでした。

しかし、その「カミナリ」が私を一念発起させます。人生で初めて自分からすすんで勉強を始めたのです。

この「カミナリ」のおかげで、なんとか高校には進めたものの、三年間はあっという間に過ぎて、今度は大学受験という新たな難題がやってきます。

次は大学受験が待っているとわかっているなら準備するのが当然なのでしょうが、自分から猛勉強したのは中学校の先生の「カミナリ」を聞いたときくらいで、あとの三年間はまた「勉強嫌い」に戻っていました。大学受験もしたくない。逃げて、楽したい、とそれだけを考えていました。

こんなときほど、悪知恵が働くものなのでしょうか。私の中の悪魔のささやきというものに簡単に乗っかってしまいます。

「そうだ、入るのが楽なアメリカに行けばいい」

そもそも留学というのは、もっと勉強したい意欲が高い人が行くものなのでしょうが、私の動機は日本の大学受験が嫌だから逃げたい一心からでした。「勉強嫌い」のどん底から逃げるために、今度はアメリカに留学することにしたのです。

ところが、「人生とは本当によくできている」と感じさせられることになります。アメリカの学校は、入るのは楽だが、出るのは困難という現実に向き合うことになります。出るのが困難とは知りませんでした。そもそもアメリカに留学したのに英語が苦手でした。授業にもついていけません。「勉強嫌い」でやってきたアメリカで、勉強を嫌というほどする羽目になってしまったのです。

二年で卒業するはずが三年弱いて、それでも卒業できずに、途中でドロップアウトして帰国することになります。

「勉強嫌い」が生んだどん底から逃げるためにやってきたアメリカで、もっと勉強嫌いになって日本に戻ってきてしまったのです。

問題は帰ってきてからでした。

今では交換留学とかの制度があるから留学している大学生も多数いますが、私が留学した当時は、一ドルが三六〇円、しかも外貨不足のため「五〇〇ドルまで」という制限付きで、飛行機ではなく船で行った時代ですから、大変珍しい存在でした。その問題というのは、「隣近所の目」です。

「アメリカに行って、何を勉強してきたの」

聞いている方は興味本位で聞いているだけなのですが、私には一言、一言がココロに突き刺さって、どうも「意地悪」としか受け取れません。勉強嫌いでアメリカに留学して、勉強が嫌いで日本に帰ってきたと素直に言えばよかったのでしょうが、家に帰ってきてまで居づらい環境を作り出してしまったのです。

どん底の種は自らが蒔いているのです。

しかし、この勉強嫌いで行ったアメリカでの体験が、後にウィークリーマンションの発想になって世に出てくるのですから、まさに「人生とは本当によくできている」と思えるのです。

どん底　始まりの始まり　三歳　汽車の中で独りぼっちにされた、五分間の恐怖

幼稚園中退の引きこもりを私のどん底の始まりとしてきましたが、思い起こせば、三歳か、四歳の頃にもどん底と感じる出来事がありました。

三歳、四歳のときに自分で何をしていたか、何を考えていたのかを覚えておられますか。私はそんな年からとんでもない目にあわされてきたため、鮮明な記憶が残っています。

それは、母親と妹と三人で田舎に遊びに行った、帰りの汽車での出来事でした。

私は遊び疲れて寝てしまいました。どれくらい寝ていたでしょう。目が覚めたとき、その出来事は起きました。一緒にいたはずの母親と妹が荷物を残して私の目の前からいなくなっていたのです。

三歳、四歳の子供です。普通なら気が動転して泣きだすのでしょうが、私はとっさに「二人は汽車から落っこちたんだ」と思ったのです。

泣くよりも、自分がなんとかしなければならない、助けなければととっさに思ったのです。二人を探すため次の駅で降りようと、大きな荷物を背負って出口まで歩き始めました。

そのときです。

向こうから母と妹が歩いてきたのです。

「トイレに行っていたんだけど、どうしたの」

母親のこの一言でこのときのどん底は終わりました。その間、たった五分間くらいです。嫌な出来事というのは、たとえそれが数分であったとしても、長く感じられるものです。それも三歳、四歳のときなら、相当長い間、独りぼっちで放っておかれたと感じたはずです。

私は集団生活が嫌で独りでいるのが平気でしたから、このときもあわてず行動できたのでしょう。

この性格が後に様々などん底を引き寄せてくることを知らずに、このときは、この性格に救われたのです。

今から考えれば、人一倍、自立心が強かったのでしょう。田舎の学校に転校して親戚の家に独りで行くのも、誰も知る人がいないアメリカに行くのも、平気でした。普通なら、心配や恐怖が先に来るからなかなか行動には結び付きません。

私は、「自分がダメだ」と思わないから、どん底で自分で自分を行き詰まらせることなく、他の人とはまったく違う行動をして乗り切れたのだろうと思います。

「自分がダメだ」と思わないのも、生まれながらの性分でしょう。独りでいるのが平気というのもそうです。それは、まさに私が母親から譲り受けた、遺伝子だと思います。

私の母のことを少しばかり紹介しますと、母は田舎から独りで東京に出てきて働き始め、それから満洲へ、そして再び東京へと、常に新天地で事業に挑戦して常に成功してきた人でした。

母・川又キヨニの人生こそは、波乱万丈というにふさわしい。戦前・戦後の日本の近代史における女性の、極めて特殊ながら、常に時代の最先端を駆け抜けたスーパー・レディだった。

生まれ故郷は、後に三智彦を産むことになる栃木県の芳賀郡茂木町で、昭和十年代に入ってまもなく、一七歳のころ、こんな田舎にいるよりはと、新天地をめざした。当時、植民地として日本が支配していた朝鮮半島へ、さらに日本が清国の末裔・溥儀を担ぎ出して建国した満洲国へと、一八歳であるとサバを読んでまで敢行した渡行であった。

はじめは朝鮮の工場で働いていたが、ある日、一念発起して景気がいいといわれた奉天へ、一人で列車に乗って向かう。そこで、金回りのいい馬賊や将校などが相手の高級クラブに雇われて、大勢の女性の中で常にナンバーワンの地位をキープし、七年余りを過ごすうちに相当な財をなした。

三智彦が子供のころから、母親は折にふれて、そんな海外雄飛の物語を問わず語りに語ってきかせた。その影響が何より大きい。いつの間にか、自分も大きくなったら、母親のようにやってみたいと思うようになった。まして男なのだから、それが当然のように考えていた。

（『事業に懲りない男に候』笹倉明著　アイシーメディックス刊より）

この母親譲りの「自立心」があればこそ、どんなどん底でも行き詰まらずにやってこられたのでしょう。

どん底　第四幕　二三歳　社会人一年生にして大番頭、社員の裏切り

父親が病気になったとの報を受けて、急いでアメリカ留学から帰国することになりますが、その頃、家業は不動産業を始めていました。

母親は息子が帰ってきたからといって、家業を継がせることはしませんでした。その前に、他人の飯を食う、修行に出されました。ある不動産会社に社会人修行として勤め始めたのですが、ここでも生来の性格から長続きするはずなく、わずかに三か月で辞めて戻ってきてしまいました。

そのため、予定よりずいぶん早く、家業である司建物管理に入社することになりました。社会人一年生の、しかも社長の息子・後継者が入ってくれば、会社にいる大番頭たちにとっては面白いはずはありません。当然ながらギクシャクが始まりますが、それがとんでもない形で私に降りかかってきたのです。

ある日のこと、私はいつも通りに出社しました。すると、当然いるはずの社員が誰もまだ来ていません。就業時間が来ても誰一人来ません。集団ストライキとか、単なる嫌がらせとか、いろいろと嫌な考えが巡ってきますが、結果はすぐに出ました。しかも、最悪の形でした。

大番頭が社員全員をひきつれて逃げ出したのです。しかも、その大番頭と社員は私の不動産屋がある駅の真ん前で同じ不動産のお店を始めたのです。

「しまった、お客様まで持っていかれた」

もう後の祭りです。私は帰国して家に戻って家業を継いだとたん、社会人一年生にして、大番頭に裏切られて、社員、お客様、収入を持ち逃げされるという、どん底に追い込まれます。そのうえ、父親が当時で六〇〇〇万円という大借金を作ってしまいます。今度こそ、逃げ場がどこにもない、絶体絶命のピンチに追い込まれたのです。

考えてみてください。

政治の世界でも今や二世議員、三世議員ばかりです。親の築いた地盤・人脈を受け継ぎ、議員になっていきます。会社でも同族会社で二代目、三代目となれば、会社でちやほやされるものですが、私の場合は逆に真冬に海の中に放りこまれたような仕打ちが待っていたのです。

大番頭の裏切り、父親の大借金が私の肩の上にのしかかります。

こんなどん底でも、へこたれないという、母親譲りの遺伝子が働いてくれたのでしょう。私はどんなに追い詰められても、「もうダメだ」とは一瞬たりとも思いませんでした。

今日一日をひたすらがんばる。母親と二人で昼夜がわからなくなるほど働いて、この絶体絶命のピンチを抜け出します。どんなどん底に落ちようとも、ただひたすら上に向かって進んでさえいれば、必ずチャンスは巡ってくると信じてがんばりました。そして、母と私はそのチャンスを手にして、子会社に建設会社を持つまでに司建物管理を成長・発展させたのです。どん底が深ければ深いほど、待っているチャンスも大きい。このときのどん底がこのことを私に実感させてくれたのです。

そして、忘れもしない、一九七九年がやってきます。

これまでのどん底人生を顧みれば、こんなに痛い目にあっているのだから、これからビッグチャンスが待っていてもおかしくない。そのビッグチャンスをつかむべく、司建物管理としては初めての鉄骨造りのマンション建設をすることになりました。

「ついにここまできたか」

長く暗いトンネルを抜けてようやく出口の明かりが見えた瞬間の感動、これまでの長いどん底を思い出すと、感無量でこのときを迎えたのです。前金として三〇〇〇万円を用意し、いよいよ工事開始です。

しかし、「チャンスはそう簡単にはやってこない」と思い知らされることになります。

そのおカネを工事業者に渡したその日から、工事がまったく進まなくなりました。現場にはただ鉄骨があるだけで、誰もいなくなったのです。

事態はすぐにわかりました。「持ち逃げ」です。工事代金を渡した相手に三〇〇〇万円の大金を持ち逃げされたので工事が止まったのです。

おカネを持ち逃げされても、工事を途中で止めてしまうわけにはいきません。止めればビッグチャンスまで逃げてしまいます。このときは現場監督まで私が引き受けて、なんとかこの建物を完成させました。

結果として司建物管理には初めての鉄骨マンションができましたが、さすがにこのときばかりは、呆然自失、「なぜ私ばかりがこんな目にあうのだろう」と神様を恨む氣持ちになってしまいました。悔しさと落胆で、自分がどうにかなってしまうのではないかとさえ思うほどに精神的に追い詰められてしまったのです。今で言う、「うつ状態」になっていたのかもしれません。

そんなときです。私の目に新聞の広告が飛び込んできました。

これが私にとっては本物のビッグチャンスだったのです。この広告とは、中村天風先生の本を紹介する新聞広告でした。

絶体絶命のどん底を抜け出してようやくつかんだチャンス。そこからさらに飛躍してビッグチャンスをつかみに行って、どん底にたたき落されるという経験をしましたが、そのどん底の先に待っていたのは、本物のビッグチャンスでした。

中村天風先生の本との出会いで、私の人生は大きく切り開かれていくことになります。

どん底

第五幕　三二歳　目の前に立ちはだかる大きな壁。マルコーと杉山の脅威

一九八〇年代に入ると、不動産業界は大嵐に揺れ動かされることになります。

その頃の個人向けの住宅業界といえば、町の不動産屋さんがいろいろな場所に点在している状況でした。今のようにネットで物件を探せる便利な仕組みもないため、自分が住みたいと思う場所まで訪ねていって、駅前にある不動産屋で部屋を見つけるのが普通でした。

それが、マルコーと杉山の台頭で大きく様変わりしようとしていました。マルコーと杉山がやっていた事業は、リースマンションです。ワンルームマンションを作って、その物件を住む人に売るのではなく、投資商品としたところに特徴がありました。そのやり方は経済成長の追い風を受けて、当たったのです。みるみるうちに会社は大きくなっていきました。そして、町の不動産屋にはその存在が脅威となってきたのです。

ところが、私には脅威とは映りませんでした。

「これから作る建物はこうでなければならない」

マルコーと杉山の存在が「木造アパートの時代は終わった」と知らせてくれたと思ったからです。

駅前にどんどんこうしたワンルームマンションができると、独り暮らしをしようとする若者たちは昔ながらの木造アパートには見向きもしなくなります。当時は司建物管理も約一〇〇〇室を管理・運営する会社に成長していましたが、木造ばかりだったので、こうした若者のニーズに応えられません。新規のお客様が来ないだけでなく、これまでの入居者でもこうした物件に転居する人たちが続出し始めます。

「もうこれは放っておけない。マルコーと杉山が大きくなればなるほど、うちには死活問題だ」

空き部屋がどんどん増えていきますが、その建物に一人でも住民が残っていれば、建物自体を建て替えることはできません。強制的に追い出すこともできませんし、こちらからお願いして出て行ってもらうとなれば、立ち退き料を求められます。進むに進めず、退くに退けず。いつしか窮地に追い込まれてしまいました。

「どうすればいいのか」

必要は発明の母とはよく言ったものです。私はこの新たなどん底を経験させられたことで、これまでのどん底経験を振り返って、あることを思い出したのです。

それはアメリカ留学での経験でした。私が留学したのは五大湖の近くのミシガン州。自動車産業が盛んな、アメリカの中のアメリカと言える所でした。冬は北海道以上の寒さになります。

ある日、その寒さを避けようと、そこにあったホテルに泊まりました。家具から冷蔵庫までなんでも揃っていて、何も持ってこなくてもその日から生活できるというスタイルのホテルでした。アメリカでは当たり前のように存在しているホテルなんでしょうが、日本人の私にとっては斬新に映ったのです。

このどん底にして、なぜか、そのときの記憶が鮮明に蘇ってきたのです。

「これだ、これしかない」

アメリカでのこの体験を基に作り上げたのが、ツカサのウィークリーマンションです。それは、わずかに六室を改造するところから始まりました。

この後、マルコーと杉山はバブル崩壊の象徴的な存在として消え去っていくことになりますが、このマルコーと杉山の脅威があったからこそ、今では日本全国に広がるウィークリーマンションシステムはこの世に生まれたのです。

どん底　第六幕　四〇歳　銀行に踊らされて、一五〇〇億円を借金

このウィークリーマンションも、新たな手法が当たったのでしょう。一気に物件を増やしていきますが、大きな追い風となったのは、バブル経済でした。

今になって思えば、バブルとは本当に怖いものです。この怖さを知っている人はそう多くはないと思います。その怖さとは、町の不動産屋にすぎなかった私を一気にニュービジネスで大成功した大富豪へと押し上げてくれたことです。

一九八八年二月六日号の「週刊現代」が「日本の金満家六三人」という特集をしています。その中に私も出てきます。当時はイトーヨーカ堂の伊藤社長やダイエーの中内社長よりも金持ちとして評されていたのです。

私を大富豪にしたこのウィークリーマンション事業はたった六室から始まりました。それがバブル経済の追い風を受けて、たった七年で三六〇〇室を保有するまでに急成長するのです。その飛躍のきっかけを持ち込んできたのは、銀行でした。ある信託銀行が東京港区白金のあるマンションを買わないかと持ち掛けてきたのです。

当時の司建物管理の規模からすれば、まるでカエルがヘビを呑み込むような話です。売り上げが二億円に過ぎない不動産屋が九億円の借金をしてこのマンションを買うのですが、私に迷いはありませんでした。

「よし、買おう」

私が即決したのは、バブルだったからではありません（当時はバブルという言葉は知りません）。母親からの教えがあったからです。

「カネは貯めるな。借金をして土地を買え」

私の母は前述のように、満州に渡り、一財産を築いて日本に帰ってきます。当時の数千円。田舎では一〇〇〇円で家が買えた時代ですから、どれくらいの額かは想像できるでしょう。

その大金でまたやり直そうとした矢先、とんでもない出来事に遭遇します。日本が戦後のハイパーインフレを抑えるべく実施した、預金封鎖と新円切り替えという施策でした。わかりやすく言えば、国の政策によって一瞬で、その大金は紙クズにされてしまったのです。本来なら家が数軒買えるお金で、私のおむつがたった二単しか買えなかったそうです。この経験から母が学んだことが、この教えだったのです。

このマンション購入は大きなチャンスを私にくれました。九億円で買った物件がわずか一年半で倍の十八億円の資産価値になったからです。

もう笑いが止まりません。私の脳内にはアドレナリン、ドーパミン、セロトニンが出っぱなしの状態です。この脳内物質のせいではないと思いますが、バブルの怖い点は「これが当たり前だ」と思ってしまうことです。

この追い風は、「今までのどん底の埋め合わせ」とさえ思え、どんどんバブルにのめり込んでいったのです。

評価価値が上がった物件を担保にして、また借金をして新たな物件を建てる。この繰り返しをしているだけで、ウィークリーマンションの部屋数は面白いようにどんどん増えていきました。

いつしか私の日課は、新たな物件を作るための土地を見に行くことになっていました。そして七年余りの間に、四十棟もの物件を建てたのです。それは毎月どこかで新たな工事が始まっているというペースです。

〝ゴキブリのように増えるウィークリーマンション〟

建設現場である地域の住民の方からはこうした痛烈な批判すら浴びるようになっていました。それは、こんなものを作られては風俗的に地域が悪くなるのではと思われてのことでした。

こうした問題が起きたところには、私自ら率先して出かけていって解決し、これらの逆風を一つひとつのノウハウにしてウィークリーマンション事業は完成していったのです。そして、私自身が出演したテレビCMが話題を呼んで、「ツカサのウィークリーマンション」は多くの人たちの知るところとなり、私も有名人の仲間入りを果たしました。

この急成長の裏側では、借金が膨大に膨らんでいました。一九九〇年までに七〇〇億円。そして九一年のたった一年の間に七〇〇億円の借入をして、銀行からの借り入れは急速に増えました。しかし、九〇年は年初から株価大暴落で始まった年。すでにバブルは崩壊していたことになります。

ここで、九〇年三月に大蔵省が不動産会社への貸し出し総量規制を行っているのに、その九〇年から借入金が膨らんでいることに疑問をもった方もおられると思いますが、それは一つのからくりがあったからです。銀行はこの通達を受けてもなお、貸し出しを今度はノンバンクにかえて続けました。つまりは、貸出先の会社が潰れたら一番困るのは銀行ですから、追い貸しをしたのです。これが結果的には後の不良債権問題を深刻化させていく原因となります。これは、いわば、歴史の中で表に出てこない部分。当事者しか知り得ない、真の歴史ということになります。

当時はそんなことを知る由はありませんから、土地の資産が二〇〇〇億円とも、三〇〇〇億円とも言われているから差し引き、一〇〇〇億円は資産があると高を括ってしまいました。

今ではバブル後に生まれた人が二〇歳を越えていますから、バブルというものを知らない世代もいると思います。バブルがどういう時代であったのか、その一端をお話ししましょう。

司建物管理は資本金五〇〇〇万円の有限会社ですが、融資をしてくれた銀行は、興銀（日本興業銀行）、長銀（日本長期信用銀行）、日債銀（日本債権信用銀行）と、そうそうたる顔ぶれです。

四〇歳そこそこの私が、この大銀行の頭取や役員に高級料亭に呼ばれて接待されて、頭を下げられてこう言われるのです。

「どうぞ借りてください」

もう氣分は舞いあがっています。

「これだけの大銀行が後ろ盾についてくれたのだから最後まで面倒みてもらえるはずだ。借りるだけ借りて、その額が大きければ大きいほど、潰されないだろう」

と勝手に思い込んでしまいました。

「有限会社とのお取引は、御社が初めてです」

大銀行の頭取がこう言うのです。この氣分、わかりますか。これまでのどん底人生の辛い思いがこの言葉一つで吹き飛んでしまうほどです。

私はこの銀行頭取の言葉に踊らされて借り入れをどんどん増やして、どんどんバブルの渦中にはまり込んでいきました。

これから後に起こることから考えれば、氣分絶頂のときこそ、とんでもないどん底が始まった瞬間だったのです。

バブル崩壊は、これらの大銀行も生き残らせることはありませんでした。長銀、日債銀は経営破綻し、興銀はみずほ銀行となってその名は消えてしまいました。この頭取が言った通り、有限会社との取引は、司建物管理有限会社が最初で最後になってしまったのです。

どん底　第七幕　四三歳　ついにバブル崩壊、国と銀行にだまされた

バブルの怖さは、もう一つあります。

ウィークリーマンション事業は、このバブルの追い風で急成長します。借り入れをどんどん増やせば、物件がどんどん建てられて会社は大きくなる。面白いように自分の思い通りに事業が進んでいくのがバブルですが、たった一つ、ままならないことがありました。

人手不足です。

おカネの力で部屋数はどんどん増やせても、人手がいなければ運営することができません。バブルですから、学生は「超」がいくつ付いてもいいくらいの売り手市場です。学生を抱え込むために海外旅行に連れていったり、まるでお客様扱いで接待したりしていた会社まであり、人材の採用と確保が頭痛の種でした。当時、リクルートさんに採用をお願いしていましたが、年間五〇〇〇万円払っても学生がまったく来なかったのです。

「どうしてうちには来てくれないのか」

マルコーと杉山が台頭してお客様を根こそぎ奪われていったときと同じ心境です。本社が五

反田、西小山と言ったとたんに、学生が説明会からいなくなることがたびたびありました。

そのとき、とんでもない発想が出てきます。まさにバブリーな思い付きです。

「そうだ、銀座に出ていこう」

新卒採用のためだけに、銀座に本社を置くことにしたのです。

これでも当時としては、ごく当たり前の発想でした。バブルはそれほど狂っていた時代だったのです。

これが功を奏します。本社を銀座のど真ん中に移したとたん、これまでがウソだったように、学生がどんどん押し掛けてきたのです。

この銀座進出は、新人を採用するための「宣伝効果」を期待しただけなのですが、私にも思わぬ副産物をくれました。様々な方が私のところにやってきて、私が欲しい情報が向こうからやってくるようになったからです。

これが銀座のすごいところ。これまでのどん底がなにもかも消えて、「いよいよこれからだ」と思っていた矢先、本当のどん底は私の足元に忍び寄ってきていました。

バブルはバブルです。風船ですから膨らみ過ぎれば、破裂します。当然と言えば、当然のことです。

一九九〇年三月二七日。この日に何があったかを覚えておられますか。もう二五年以上も前のことだからわからないという方が大半だと思いますが、この日は私にとっては生涯忘れられない日。人生の頂点からどん底へと真っ逆さまにたたき落されて、この世で地獄を見せられるきっかけとなった日だったからです。

何があったのかといえば、大蔵省（現・財務省）が地上げの横行がけしからんとしてそれを止めるために、不動産業と名の付く会社には一切の融資はしてはならないという、一枚の通達を金融機関に発したのです。

金融機関に送られたこのたった一枚の紙切れが、不動産バブルを崩壊させることになります。国の決定というものはそれだけ大きな結果を引き起こすものですが、この通達を出した当時の大蔵官僚にはそこまでの意識はなかったのでしょう。

ツカサは地上げなどしていない、多くの人に喜んでもらえる事業をやってきた誇りがあると役所に訴えても通用するわけはありません。ココロの中で叫ぶしかありませんでした。

国が決めたことです。母親同様、私も国の政策によって、ひどい目にあわされることになります。

この総量規制を実施させたことで、不動産価格は大蔵官僚の予想を越えて大暴落します。

ツカサの資産も十分の一まで落ち込んでしまいました。資産が減ったからといっても、借金まで減るわけではありません。プラス一〇〇〇億円の大富豪だった私は、一夜にして、マイナス一五〇〇億円という借金を抱えるどん底を経験させられることになります。

先程はバブルの狂った一面をお話ししましたが、今度は、バブル崩壊後の狂った状況をお話ししましょう。

四〇歳の私を料亭でどうぞどうぞと接待して「借りてくれ」と言っていた銀行の態度がこの通達で一変します。〝銀行は晴れの日に傘を貸して、雨になったら取り上げる〟とはよく言ったものですが、私の場合はそれ以上のものでした。

自分大事さのために人はここまで変われるのか。

人間の変わり様を垣間見れたときでもありました。

私からすれば、料亭で頭取が「どうぞ借りてください」と言うから借りただけのことです。いわば、人助けのつもりでした。早期返済しようものなら逆に怒られたくらいです。

その銀行が今度は、私を銀行の支店に呼び出して、

「いつ返すんだ」「なんでこんなに借りたんだ」

と、頭取や役員ではなく、課長や係長が出てきて、一方的に、返せ、返せと攻め立てるのです。貸し手責任など、微塵も感じていないのでしょう。自分たちは被害者であるという感覚で、

バブル崩壊の嫌な思いを私にぶつけてきます。こうして銀行の容赦のない取り立てが始まりました。

私は、「なぜこんな目にあわないといけないのか」というよりも、「いったい誰がこんな目に私をあわせたのか」を考えるようになり、辛く、眠れない日々が続きました。

そして私は、このバブル崩壊の犯人探しを始めたのです。つまりは、勉強です。

私のどん底は「勉強嫌い」から起きたことでしたが、今度はこのバブル崩壊の犯人探しで、私もまるで人が変わったように猛勉強し始めます。そしてバブル崩壊は、当時の総理大臣、大蔵大臣、日銀総裁、そして大蔵省銀行局長の四人が引き起こしたことだと結論づけますが、結果的に私がひどい目にあわされたのは、銀行に踊らされて、国にだまされたからだと考えるしかありませんでした。

そして私は、この猛勉強で、一夜で大富豪から大貧民に転落してしまったとき以上の衝撃を受けることになります。

どん底　第八幕　四六歳　バブル崩壊の警告に氣付かなかった自分を責める毎日

国の政策でバブル崩壊が起きて、私はこのどん底で苦しんでいる。

「なぜ自分だけがこれほどのどん底を経験させられなければならないのか。しかも、国によって」と自問自答ばかり、毎日繰り返していました。

この答えを求めたのは、本でした。バブルのときは新たな土地を見に行くことが日課でしたが、バブル崩壊後は、本屋さんに行くことになっていました。行けば、手当たり次第に買い漁って、むさぼるように読みました。だいたい三〇〇〇冊は読んだでしょうか。その中に、このバブル崩壊を予測・警告していた本が数多くあることに氣付いて、愕然としたのです。

「いまの日本経済はアフリカの夜道を走っているのと同じである。何が飛び出してもおかしくない。ドルの暴落、株式市場の崩壊、大量失業による社会不安の増大、累積債務国のデフォルト宣言　どれか一つが引き金になれば、あとは自動的に連鎖反応を起こす。そして繁栄の中で財テクに明け暮れていた日本は脆くも崩れ去ってしまうだろう。」

（『金融恐慌が日本を襲う』名東孝二著　主婦と生活社刊より）

この本は、「マネー・ゲームの破綻を予言する警鐘の本」とその本の帯にはうたわれていますが、この内容を読めば、今のアメリカ発のバブル崩壊、デリバティブ（金融派生商品）の破綻から通貨戦争、グローバル化による二極化の進行などを警告する本であると言っても十分通用する内容です。

驚くなかれ、この本が書かれたのは、一九八七年六月。つまりは、日本のバブル崩壊を警告する本だったのです。

「バブル崩壊は警告されていた。なぜ私は氣付かなかったのだろうか」

この後悔は尋常ではありませんでした。自分のこのどん底は、自分の不勉強が引き起こしたこと。そして、バブル崩壊に氣付かなかったことで、私はこのとんでもない目にあわされたことに氣付いたからです。

その後、その後悔は、私の人生に二つの教訓をプレゼントしてくれます。

「情報こそが価値の根源」

「ある出来事はある日突然に起きることはあり得ない。誰かがどこかで必ず書いている」

この二つの教訓を得るため、私は一五〇〇億円という借金を抱えることになったのです。

本当に高い勉強代です。

どん底

第九幕　五二歳　さらば、ツカサのウィークリーマンション

大震災、火山の噴火、津波などの自然の災害は、人間が叡智を集めて作ったものを簡単に破

壊してしまいますが、バブル崩壊は人が作り出して潰すという点では「人災」であり、経済核兵器と呼んでもいいほどに凄まじい破壊力を持っています。その経験を真っ先にさせられたのが日本人であり、私は爆心地にいてその直撃を受けたことになります。

このバブル崩壊でいくつもの会社が消えていきました。不動産業が真っ先にダメージを受けて、脅威であったマルコーや杉山もあっという間に倒産してしまいました。

そんななか、司建物管理は巨額の借金を背負わされることになったとはいえ、家賃や宿泊料といった「日銭」が入ってきていたことで救われました。まさにお客様のおかげで、バブル崩壊後のどん底を生き延びたのです。

やむなく建物を売却しなければならないこともありましたが、管理は「ぜひともツカサさんに」と任せていただけた物件もあり、銀行の融資が一切止まっても、経営に行き詰まることはなく、また、借金の返済もどんどん進んでいきました。

その物件の売却に関心を示してきたのが、外資系金融機関でした。

なかでも、米リーマン・ブラザーズは、最初はいくつかの物件を所有してもらい、ツカサが管理委託を受けるという「大家さん」の立場でしたが、そのうち、ウィークリーマンションの営業権そのものを持ちたいと考え始めます。リーマンにすれば、この営業権を得て、将来上場させれば大きな利益を生むと算盤を弾いたのでしょう。一九九九年九月に契約が成立して、ウィークリーマンションの商標、電話番号（三の四四〇〇一一一さんのよんよんまるまるわんわんわん）、そして社員百四十人を含めての譲渡がなされたのです。ちなみにこの米リーマン・ブラザーズは日露戦争のときに日本に資金を貸してくれた金融機関です。

こうして、私が創業してきた、「ツカサのウィークリーマンション」の時代は終わりました。本業を失ってしまえば、その会社が存続することはありえないはずですが、ツカサはこのときも生き残りました。その理由は事業の主軸を、一九九〇年に立ち上げた個人起業家向けの事務所「ワンワンオフィス」に移していたからです。

ただ当時はデフレが急速に進行していく中ですから、起業家が出てくるはずもなく、個人向けオフィスの稼働率は低迷していました。

これが実は、幸いすることになります。

リーマンはいい物件ばかりを持っていって、儲からない物件とワンワンオフィスはツカサに残してくれたからです。

転機はすぐやってきました。

アメリカから情報通信革命、ＩＴ革命がやってきたからです。日本でもネットバブルが始まり、ソフトバンクの孫社長や光通信の重田社長が若者に夢を与える起業家としてマスコミの大きな注目を集めました。このＩＴ革命が日本の起業環境を根本から変えていくことになります。資金がなくても株式会社を作れるようになったことです。渋谷はこうしたＩＴ起業家がどんどん出てきて、米国のシリコンバレーに対して、「ビットバレー」と呼ばれました。一部屋を借りて事務所にして起業する。これは後にＳＯＨＯと呼ばれますが、私の事業はこの追い風を受けてどんどん広がっていきます。

このＩＴ革命によって、私はウィークリーマンションという新事業を立ち上げた創業者となったばかりか、このＳＯＨＯビジネスの先駆者ともなり得たのです。

大富豪で楽しいときは一瞬。ボンビーで辛いときは十九年間

事業で成功すると、メディアは「時のひと」とか、「成功者」として取り上げてチヤホヤしますが、どん底に転落すると、いろいろと書かれるものです。

私の場合、バブル崩壊後でどん底に落ちたときに、ある週刊誌には、

「ホームレス？になっているツカサの社長を見た」

といった、記事が書かれてしまいました。もちろん、根の葉もない噂話ですが、世の中とはそういうものなのでしょうか。

周りの人たちは、「大変ですね」とか、「それだけの借金を抱えてよくやってきましたね」と言ってくれましたが、私にすれば、バブルで大富豪だったときのほうが大変だったように思えます。

これは後になって振り返るからわかることなのでしょうが、バブル最盛期は、周りには大富豪として映っていたのでしょうが、私自身は決して幸せではなく、何かに取り憑かれたかのように、どんどん事業を拡大しなければならないという気持ちになっていました。銀行から借金をして新たな土地を見ては、そこに物件を建てる。自分のことなど、顧みる余裕は一切ありませんでした。

大富豪であったときは、バブル崩壊で一瞬にして消えてしまい、これまでお話ししてきたような、長いどん底が続きますが、その後に起きたどん底も、「バブル崩壊のときのどん底と比べたらたいしたことはない」といつしか考えるようになっていました。

バブル崩壊で背負った一五〇〇億円の借金は、いわば、身から出たサビ。病気で言えば、ガンのようなもの。死ぬまで、うまく付き合っていくしかない。

しかし、私の人生には、もう一幕のとんでもない、どん底人生が待っていたようです。次章で話を続けましょう。

【ワーク】何歳にどんなどん底体験をしたか、書き出してみましょう。

第二章　どん底　ダメ押し

一　今度は「生命」のどん底へ　――運が悪けりゃ、死んでいた？

本で書いた「臨死体験」をそのまま実体験させられる

私は毎日、自分の行為行動をビデオで記録しています。

朝目覚めたときに始まり、何時に誰と会って、何を話したのか、思ったのかまで記録して、夜寝るまで続けます。

もちろん、この記録の中には私のどん底経験も克明に記録されていますが、そのほかに、朝昼夕に何を食べたとか、トイレの回数まで記録しています。最近ではスマートフォンの普及で食事を写真に撮っている姿はよく見かけるようになりましたが、トイレの回数までは記録していないでしょう。こんなことが何の役に立つのかと思われているでしょうが、一つには、自分の健康管理のためです。

トイレの回数が増えると、風邪の前兆だなとわかります。そんなときには、早めに仕事を切り上げて寝るとか、薬を飲むとかの何らかの対処をするようにしてきました。

病気になれば、仕事どころではなくなってしまいます。自分がやりたいことができるのは、身体が健康であるからで、人一倍、私は自分の健康管理には氣を使ってきました。

このおかげで、六〇歳を過ぎるまで病院に入院するような大病を患ったことはありませんでした。

バブル崩壊で大借金を背負わされたどん底のときでも、精神的に落ち込むことはありました。それでも身体ががんばってくれたおかげで、様々な難局を乗り越えることができたのだと思ってきましたが、私もついに大病を経験させられることになりました。

脳梗塞で倒れたのです。

もう六〇歳を越えると、友達の何人かは亡くなったりしています。

ついに私にもそのときがやってきたかと思いました。そのままあの世に旅立っていれば、この本『どん底と幸せの法則』をこの世に残すこともなかったのでしょう。

今度のどん底の始まりは、脳梗塞という形でやってきました。

普通の人なら、これで健康の大切さを身にしみて感じることになるのでしょうが、私は人一倍健康には留意してきましたから、私には別の意味があるのだと思いました。

それは、私が今までやってきたこと、これからやろうとしていることの意味を、これまでのどん底では常に意識させられてきたからです。

「このどん底にはどんな意味があるのだろうか。何を私に氣付かせたいのか、学ばせたいのだろうか」

私がそう感じざるをえなかったのは、大病に襲われたことがとても偶然であるとは思えないタイミングでやってきたからです。

二〇〇八年八月一〇日、『人生の意味と量子論』（高木書房刊）という本を出しました。その本の中で、私は「死後の世界」に触れて、最先端の物理学である量子力学が「あの世」の存在を証明するものとなるかもしれないといった内容の項目をあえて設けて書きました。これは企画段階ではなかった項目です。

以前から、「死後の世界と量子論」という演題で講演もしていましたので、このことを皆さんに知っていただくいい機会と考えて、この本に書きました。

本で読んだ臨死体験者の話、死をテーマに世界中で活動したキューブラー・ロス氏（精神科医。死と死ぬことについての画期的な本『死ぬ瞬間』の著者）のこと、自分の死の迎え方などを書きました。そして、八月二八日に出版記念を兼ねた特別講演会を開いて、これらの内容をお話しする予定でした。

ところが、その矢先、自分が脳梗塞に倒れて、この本で書いた内容そのままを実体験することになったのです。

脳梗塞で八月二一日に倒れてからというもの、七年の間に私はこれまでに経験しえなかったどん底を経験させせられることになります。

それでは、この七年間に何があったのかをお話ししましょう。

大借金を抱えたまま自殺していた？　手足が勝手に動く

二〇〇八年。それは、八月二〇日の夜のことでした。

仕事が終わって、その日は夜の予定はなかったので、会社から早めに帰宅しました。

そんなときは、いつも寝るようにしています。自分の部屋に置いてある電動マッサージチェアに横になって寝てしまいます。いつもなら一時間くらいで目が覚めるのですが、その日に限って、寝入ってしまいました。

九時十五分に家族が帰宅したことで、目が覚めます。三時間も寝てしまいました。

「なんだか調子がおかしい」

このときあたりから、身体の異常は出始めていましたが、いつもの日課である犬の散歩に出かけます。十五分程度の散歩ですが、まっすぐ歩くことができなくなっていました。

「またか」

たいしたことではないと思ってしまったのは、十数年前の夏に同じような経験をしていたからです。

一度目は、子供を車でサマースクールに送っていった帰りでした。疲れていたので車を止めて、仮眠しようと思ったのです。クーラーをかけたまま一時間くらい寝たでしょうか。「もう大丈夫」と思って、エンジンをかけて再び走り始めました。

すると、右手が自分の意思とは関係なく勝手に動くのです。そのうち、右足も同じようになって、いわば、「舞踏病」のような状態になってしまいました。

右足が勝手にアクセルを踏んだりして事故でも起こしていれば、そのときに私の人生は「自殺」という形で終わっていたのかもしれません。誰も事故とは思わないでしょう。

怖くなってしまい、車をなんとか止めました。

「こんなことになったのも、クーラーで身体が冷えたことが原因なのでは」と勝手に思って、身体を暖めたり、運動したりしました。このときは幸いにして二時間くらいで治ってしまいます。

今回も「大丈夫。とにかく身体を暖めれば治る」と思い込んでいますから、なるべく普段通りの生活をしようとしました。

一〇時に家族と食事をとりますが、私はスウェットとパーカーを着ています。

「なぜそんな恰好をしているの？」

家族におかしいと思われて当然ですが、そのときは、「ダイエットをしているから」と言ってごまかして、自分の部屋にあわてて戻りました。

そこから私の長い夜が始まります。

普段はそこから午前一時ころまでは、新聞情報をチェックしたり、ネットで調べものをしたりと、自分の情報整理の時間にあてています。

パソコンを立ち上げて、文字を入力しようとしたら、指が動きません。

「パソコンは無理だな」と思って、新聞をチェックするくらいだったらできるだろうと思ったことが間違いでした。机に並べることは無理だから、床に並べようとしたら、動かなかった右手右足が勝手に動き出したのです。手足が勝手に壁や床にぶつかっていって、アザだらけになってしまいました。「舞踏病」のような状態が再発してしまったのです。

症状はどんどんひどくなっているにも関わらず、それでも何かできることはないかと考えていました。

「絶対にあきらめない」

ビジネスならこれが成功するための秘訣ですが、病気となれば、かえってひどくさせてしまいます。

パソコンもダメ、新聞のチェックもダメ、今度は本を読もうとしますが、頭に入りません。それならビデオを観ようと思いましたが、思うようにリモコンが操作できません。勝手に動くのですから、当然です。

そこまでやって、やっと自分の身体が限界を超えた状態になったと思いました。

私はそんなときに自分がどうするかは以前から決めていました。

「食べて寝る」です。

ところが、これが命をかけることになる、どん底となっていくのです。

手にしたはさみに襲われる

「この時点で奥さんを起こして、救急車を呼ばなかったのか」と言われましたが、後になれば当然そうしたでしょうが、そのときは自分が大変な状態にあるとは思っていません。

「暖めれば治った」という以前の経験がありますから、私は自分の信念通りの行動をします。

身体が限界を超えた状態のとき、私にとっての万能薬は、かぜ薬です。

そのかぜ薬を飲むために、まずは食べないといけないと考えました。冷蔵庫を探せば、冷凍のカレーうどんがありました。

「これはいい、身体も暖まるし」と思ったのですが、中身のパックがあけられません。普段、普通にやっていることがこうなってみると、至難の業です。

右手は勝手に動く状態。こういうパックは片手だけではあけられません。そこで、何か道具を使おうと考えました。さすがに包丁は危ないと思い、料理用のはさみなら大丈夫と思いました。

はさみの先にひっかけて、引き裂けばいい。

そう考えたことが思わぬことになります。

ラップのついたうどんをまな板の上に置いて、左手で押さえて、自由がきかない右手ではさみを持とうとしますが、うまくいきません。結局、握るようにはさみを持って、先にひっかけて引き裂きます。

「よし、これはうまくいった」

と思った瞬間、勢いあまって、私のこめかみに突き刺さりそうな状態になってしまったのです。

まさに、「寸止め」です。自分でもなぜそこで右手が止まったのかはわかりません。理解不可能な出来事が起きたのです。

それよりも何よりも、ただうどんを食べようとしただけなのに危うく死ぬところでした。

私はラップを開けることだけしか考えていませんから、こんな危険が襲ってくるとは思ってもいません。運が悪いと、死んでいました。しかも状況から考えれば、自殺したとしか思われないでしょう。

私は巨額の借金を抱えて、どん底のままで自分の人生の幕を閉じていたことになったのかもしれません。メディアはどう報道したでしょうか。死んでも死にきれないとはこのことを言うのではないでしょうか。

結局、死ぬ寸前の体験までさせられて作ったカレーうどんは食べられませんでした。はしも、スプーンも使えなかったからです。

固くなったパンやケーキを食べて、かぜ薬を飲みました。すると、勝手に動いていた手足の動きが収まってきました。薬のおかげで眠くなってきたからです。

父親が亡くなった病院を紹介される〝奇跡〟

朝を迎え、家族が起きてきたことで、昨晩の出来事をすべて話したところ、すぐさま、かかりつけの医師のところへ行くことになりました。

その医師から、「症状は脳外科で、うちには検査のための設備がありません。紹介状を書きますので、すぐに行ってください」と言われてしまいました。

状態はそれだけひどかったのです。

大きな大学病院が近くにありますから、当然、そこに行くのかと思ったら、その医師が紹介した病院はそこではありませんでした。

「ここは先生の人柄がいいですから、一番いいでしょう」

急患で来ている私に、医療設備の良し悪しではなく、医師の人柄で病院を選んで紹介してくれたのです。これも不思議なことです。

病院に向かう途中はまだ意識もあり、車の中から外の風景を見ていました。

「この道は何度か通ったことがあるなあ」

その思いは病院に着く頃には確信になっていました。

「そうだ、ここは父が亡くなった病院だ」

かかりつけの医師がこのことを知る由はありません。

私は、亡き父がこの病院へと導いてくれたのだと直感しました。この病院の院長先生は脳外科では名の知れた名医だったのです。

病院に着いてから私は意識を失ってしまいます。そしてこの章の冒頭で書いたように、自分の著書『人生の意味と量子論』で書いた内容そのままを実体験させられることになったのです。

（その死の淵で感じたことは、続編、『死の意味と量子論』（高木書房刊）をご参照ください）

一度では足りなかった「臨死体験」

二〇〇八年九月十五日、米リーマン・ブラザーズが金融危機で経営破綻します。ウィークリーマンションの営業権を譲渡したリーマン・ブラザーズ日本法人の親会社が潰れたのですから、私は病院でゆっくりと寝ているわけにはいかなくなりました。

自分で退院を決めて出てきました。脳梗塞で倒れたとは思えないほど氣力は十分でした。しかも後遺症はほとんどありません。

それからというもの、これまで以上に仕事をしました。

世界経済はこのリーマンショックから坂道を転がり落ちるようにどん底へと入っていきましたが、一方の私は脳梗塞というどん底から抜け出し、これまで以上の使命感をもって自分の仕事に取り組み始めました。

一〇月に入ると、東証でも大暴落が始まり、ついに米国発の金融危機が日本にもやってきます。

「いよいよ来たな」

このときに備えて私が進めてきたのが、「昭和30年代村」を作るという計画です。

私はこの計画を実現させるために生かされたという思いでいますから、これまで以上に精力的に動き回っていました。

そして一〇月下旬。退院からわずか一か月後です。その日は「昭和30年代村」の打ち合わせのために静岡県伊東市に行っていました。ところが、その帰りの電車内で身体の調子がまたおかしくなり始めます。

「急に動いたから調子が悪くなったのだろう。休めば治る」

前回と同じように考えて、そのまま帰宅して、早めに寝ることにしました。

しかし、翌朝になっても調子は戻りません。大事をとってタクシーで再び病院に行くことにしました。

待合室で自分の順番が呼ばれるまでは何事もありませんでした。

ところが、自分の番が来て、医師の診察を受けている最中に異常が表れてきたのです。

昨日あったことを話しているうちに、口が思うように回らなくなっていきます。

「あれ、どうしたんだろう」と思っているうちに、右手が動かなくなってしまいました。

おかしいと思って、左手で支えると、右手がどんどん冷たくなっていく。

そして右から倒れてしまったのです。

こんなことがあっていいのでしょうか。

脳梗塞は、最初の措置までの時間が大事だと聞きます。措置が早ければ早いほど、後遺症が少なくて済みます。私が二度目に脳梗塞で倒れたのは、なんと医者の目の前だったのです。これこそ奇跡です。

もし車の中だったり、他の場所だったりすれば、私はどうなっていたでしょうか。

このときも、もう一度死の淵まで行ってしまうような状況にありながら、医者の目の前で倒れるというこの奇跡で救われたのです。

意識が戻ったときは、ただ普通に目が覚めた感じ。毎日、寝て起きたと同じ感覚でした。

そして次の瞬間思ったのは、「ああ、生き返ったんだ。これでまたもうひとがんばりしなければならないのか」という嫌な思いでした。

その嫌な思いは、時間を置かずして現実化します。

二　そして「会社」のどん底　―すべてはうまくいくはずだった

どん底の中で不死鳥のように復活。やっと来たチャンス

なぜ脳梗塞で二度までも死の淵まで行かねばならなかったのか。それは、私が事業として進めている「昭和30年代村」を実現させるためだと考えれば素直に納得できました。

これから団塊ほか、一番多くの人口のいる世代が六五歳から七〇歳を迎えて会社から完全リタイアすれば、日本社会は一気に超高齢社会を迎えます。それが二〇一七年。すぐそこまでやってきています。

この30年代村構想は、これからの高齢時代に合わせて「村ごと介護施設を作りたい」という発想から生まれたものです。

脳梗塞で倒れたのも、介護施設を作るためのいい勉強をさせられたのでしょう。入院生活の中で一か月程度、車椅子生活をしましたが、その経験がなければ、実際に車椅子に乗っている方々の氣持ちはわからなかったのではないでしょうか。介護や看護では相手に目線を合わせることが大事だと言われますが、同じ経験をすることが一番近道です。どんな村づくりをすればいいのか、介護にはどんな発想が必要なのかをこの入院生活は教えてくれているのだと感じた

のです。

二度も脳梗塞になれば、普通ならもうこの世の人ではありません。運が良かったという人でも、なんらかの後遺症が残ってリハビリで苦労していてもおかしくないのですが、私は、まったく以前と変わることなく、仕事も生活もできています。

「やはり、この世でやるべきことをやらないと逝かせてもらえない」

こんな思いを強くして、この村の実現に自分の使命を感じるようになりましたが、すんなりと思い通りにはいかせてもらえませんでした。

待っていたのは、借りていた土地の「契約期限満了」でした。

「昭和30年代村」を作るという構想は、二〇〇二年四月に『一〇〇〇億円を失って』（日東書院刊）という本の中で、簡単な線画を含めてたった六ページを書き記すことからスタートしました。

それから実現可能な場所を探して、全国を行き来しましたが、「これは」という場所が決まらず、苦労していたのです。それでも決してあきらめることなく、人伝いにいい場所を紹介してもらっては現場を見に行っていました。

そうこうしているうち、チャンスは向こうのほうからやってきました。

二〇〇五年五月のある日、突然、私あてに電話がかってきました。

「ツカサの社長さんですか。駅でたまたま夕刊フジを買ったら、社長の『30年代村』のことが出ていました。実は伊東にいい土地があるんです。社長のお考えにピッタリだと思って電話しました」

その方は、不動産販売の依頼を受けている不動産鑑定士さんでした。東京で買い手をあちこち探して歩いて、結局見つからず、伊東へ帰ろうとして品川駅でこの夕刊紙をたまたま買ったそうです。

「今からお伺いしてよろしいですか」

この偶然の電話から私が考えていたこの構想は、現実化へむけて動き出したのです。

聞けば、その土地のオーナーさんは、伊豆急行だと言うのです。

「これは素晴らしい」

私もすぐさま現地に行くことにしました。そして伊豆急行から出された条件は信じられないものでした。

「温泉はすでに出ています。開発許可は伊豆急行がすでにとっています。土地の支払いは分割でもいい。駅を作ってもいい」

こんな好条件の土地が他にあるでしょうか。

それからわずか三か月後の八月には正式契約に到ります。まるで「用意されていた」かのように事業が動き始めたのです。

地主からの通告、「話はなかったことにしろ」

正式契約が済んだのに、地主の伊豆急行はなかなか着工させてはくれませんでした。

「村づくりはできないが、他に何かできることがあるのでは」と思い立ったのが、伊東市内の商店街の町おこしです。

静岡県伊東といえば、有名な観光地ですが、大型ホテルばかりが林立し、観光客が商店街をそぞろ歩きすることなどありません。街中は閑散としていました。いわゆる、シャッター商店街です。

本来なら人がいてもいい時間なのに、誰もいません。日本有数の温泉地として有名な伊東でこんな有様、とても考えられませんでした。

「そうだ。このシャッター通りを変えてみせる」

そう思った私は、二〇〇六年、この商店街の中に「キネマカフェ伊東劇場」と「キネマ射的場カフェ」の二つの店舗をオープンさせ、「昭和30年代村」の現地見学会とあわせて東京からお客様を連れていってイベントを行うことにしました。

ところが当初、周辺の人たちの反応は本当に冷たいものでした。

東京から知らない会社が出てきて勝手にイベントをやっているが、どうせダメだろうという態度です。

「いつかはわかってくれる」と、それでも毎月、毎月、しつこくやり続けました。

すると、一年くらい経ったころから、商店街の若者の意識が変わったことがはっきりとわかるようになりました。

「こんなイベントが一年も続いている。しかも、お客様まで連れてきてくれる」

「これは自分たち、商店街が率先してやらなければならないことではないのか」

私が願っていた通りになったのは、二〇〇七年七月に行われた「七夕イベント」でした。伊東の商店街の方々が、今度は率先してこのイベントの計画を立て、準備をし、実行するようになったのです。私は見ているだけでした。

ツカサが勝手に始めた町おこし、私の思いがようやく多くの人たちに伝わった瞬間でした。

しかも伊東市の市長が駆けつけてくれるというサプライズ付きでした。

町をあげて観光事業に取り組むことにやっと行政が重い腰を上げてくれたという思いと、冷たい目線、態度でしかなかった伊東商店街の方々から感謝されるようになったことで、私は感無量。

こうして私は、「一企業がおカネをかけずに町おこしができる」という実例を一年半で作りました。

そもそも私が伊東の町おこしをしなければならなかったのは、「昭和30年代村」の建設をやらせてもらえなかったからです。

伊豆急行との契約はきちんと実行しています。ところが、その伊豆急行が東急電鉄の完全子会社になってしまったことから、話がどんどん食い違ってきました。

その東急電鉄から伊豆急行へ役員が来たことで、「全額資金を入れないと着工はさせない」、「駅を作る話もなかったことにしろ」と、突然、一方的に話が変わってしまいました。

結局、契約期限が来るまで、何もできませんでした。

すべてはうまくいっているはずでした。

手弁当で始めた伊東の町おこしがようやく私の思い通りに動き始めていた矢先のどん底でした。一番いいときからいきなりどん底に叩き落される経験をこれまで幾度味わったことでしょう。ジェットコースター人生、そう呼ばれる人は数多くいるでしょうが、私のこの落差は並大抵ではありません。

突然白紙になった伊東「昭和30年代村」ですが、捨てる神あれば、拾う神ありです。伊豆急行との契約が切れるわずか二日前、また新たな対象地が持ち込まれたのです。それが、福島県会津原宿の「水織音の里（みおりねのさと）」でした。

振り返ってみれば、私の人生はいつもそうです。土壇場に追い込まれると、何らかの奇跡によってその場を救われています。バブル崩壊後もそうでしたし、今回もそうでした。

そのため、どんなどん底でも決してあきらめてはいけない、いつまでもどん底が続くはずはないと思えるようになったのです。

アメリカ留学では、いきなりの逮捕。投獄体験

「男は、大病、破産、そして投獄のいずれかを経験しなければ大成はしない」

これは、電力王であり、福岡西鉄を作った松永安左衛門の言葉ですが、このすべてのことを私は経験しています。

大病についてはすでにお話しした通りですが、「投獄」については、実はアメリカ留学のとき

にすでに経験していました。

投獄といっても、別に悪いことをしたのではありません。友達と連れだって歩いていたら、いきなり警官がやってきて、逮捕されてしまったのです。そのまま、警察署に連れていかれて、留置所に入れられてしまいました。

私には、なぜこんな目にあわないといけないのかがわかりません。ただ歩いていただけで逮捕です。

しかし、このどん底のときも、思わぬ奇跡が私を救ってくれています。

それは私が日本人だったからです。当時のアメリカでは珍しい存在です。そのため、留置所内では逆に厚遇されてしまいました。

近年、身に覚えのないこと、つまりは冤罪、不当逮捕などが相次いで起きています。こんなどん底を経験すれば、ココロに深い傷を負って、人生を棒に振るようなケースだってありますが、私の逮捕・拘留経験は、どん底ではなく、人生のいい思い出になってしまいました。

どんなどん底でもそれをはねのける、まさに「ピンチをチャンス」にできる運でもあるのでしょうか。

そして、破産の話です。

今度はアメリカのバブル崩壊で八三〇億円の自己破産

二度の脳梗塞、伊東で進めていた事業のとん挫と、二〇〇八年八月から十二月までのわずか四か月の間に立て続けにどん底が襲ってきました。

それだけでも大変なのに、二〇〇九年に入ると、今度はダメ押しのどん底がやってきました。このため、私は会社を清算するかどうかという究極の選択を迫られることになり、結果的には、会社は七九〇億円で破産し、私も八三〇億円で自己破産することになりました。

バブル崩壊とは、これまで資産と評価されていたものが、ある日を境にいきなり消えてなくなるのですが、怖いのは、「借金だけは残る」ことです。

私の場合、最盛期一〇〇〇億円以上の資産があると評価されながら、このバブル崩壊でマイナス一五〇〇億円という借金を抱えることになってしまいました。

その後、借金はあと十年あれば完済できるところまで来ていました。ところが、今まで私とは何ら関係のない外資系金融機関が少額の債権をどこからか買い取って、その債権の支払いを求めて、収入源である日銭の差し押さえをしてきたのです。これまでツカサを支えていただいた銀行や債権者がこんなことをすることはありませんでした。運転資金を奪ってしまったら、借金が返せなくなってしまうからです。

「どうすればいいのか」

この外資に払えば、似たようなことをする外資は後を絶たなくなるでしょう。あそこに行けばカネがもらえるとなれば、ハイエナたちがどんどんやってきます。そんなことはしたくない。それならどうするか。

決断に時間がかかれば、向こうのいいようにされてしまいます。

「もう会社を清算するしかない」

苦渋の決断でした。この決断で、亡き母から受け継いだ会社、母の思いが詰まっている会社を潰さねばならないのです。もう無念の一言に尽きます。

そして、二〇〇九年三月四日、七九〇億円という負債を抱えて「司建物管理有限会社」という会社は破産しました。さらにこの会社に債務補償をしていたのは私個人だったので、四月に八三〇億円の自己破産を申請することになりました。

人生に二度もバブル崩壊のために自分の財産を失うことになろうとは夢にも思いませんでした。

救い神も最初は詐欺話だったが、私は自分のどん底に救われた

伊東での土地の契約期限が迫る中でやってきた救いの神は、会津若松からの話でした。持ち込まれたパンフレットには、「陣馬湖に広がる八十万坪の大別荘地」と書かれ、大きく航空写真が載っていました。そこにはテニスコートやプール、クラブハウスなどが見えます。作られたのは昭和四四年といいますから、超高級リゾートとして開発された場所でした。

「この場所の権利を買っていただきたい」

このパンフとこの話、この数か月のどん底経験を思えば、やってきて当然の幸運と思えました。これまでのどん底の後には必ずチャンスがやってきたからです。

ところが、本契約で印鑑を押す、これも二日の前のこと。私は会社清算を決意します。そのため、破産管財人の弁護士先生がやってきて、社長である私の印鑑などの一切合財は持っていかれてしまっていました。

「チャンスの女神は前髪しかない」と言われますが、目の前にそのチャンスがぶら下がっているのに活かせない。じくじたる思いです。

しかし、この後、とんでもないことがわかります。

話が持ち込まれれば、実際に会津に足を運んで、どういう場所なのかを確かめるのが普通で

す。何度か足を運んでいるうちに、
・権利関係が複雑で誰も手を付けたがらない場所であること
・何十年とその土地は塩漬けになっていたこと
・地権者の方々は運用会社からなんらの収益ももらえず、税金だけを何十年と払い続けてきたこと
・会津若松での経済がどんどん落ち込んでいること
がわかってきました。

その上、この話を持ち込んだ業者が、この場所における何らの権利も持っていなかったのです。

完全なる詐欺話。

自分らに権利がない場所をとんでもない値段で売りつけようとしている、詐欺でした。

そのときに印鑑を持っていて、押していたら、大変なことになっていました。

この詐欺話が会社破産というどん底によって救われることになります。これも考えてみれば、奇跡の出来事です。

人生、何が幸いするか、災いするかわかりません。そのときはどん底と感じてどうしようも

ないと落ち込んでいたことが、後になってみれば、「これがあったから良かった」と思える出来事になることもあるのです。

「どん底」のオンパレードだが、最後に奇跡は起きた

自己破産の裁判に出られたことがあるでしょうか。

私の破産額は、会社が七九〇億円、個人が八三〇億円という額です。一昔前なら大企業並みの倒産負債額でした。個人でこれだけの額ですから、様々な不安が頭の中をよぎります。バブル期に倒産した同じ不動産業者の中には逮捕された人もいましたから、「自分も」という思いは常に頭の中から消えませんでした。

しかし、その裁判、債権者会議では、信じられないような出来事が起きます。

裁判所に行くと、至るところで私と同じような案件の裁判が開かれていて、多くの人であふれています。「会社名（個人名）、負債額」を書いた張り紙があって、それをみますと、何億円とか、何十億円という破産に対して何百人もの債権者が来ています。

それが私の場合は、八三〇億円の負債に対して、第一回目の債権者会議に来ていたのは二二

社でした。この負債額でこの債権者の数はありえません。

これは、バブル崩壊から十九年間という月日が経っていたからです。

この間に金融危機などがあり、直接債権者であった銀行、ノンバンク五十数社は全部なくなっていました。当時の事情を知る担当者がいるわけもなく、裁判所に来ていたのは、その債権を受け継いだＲＣＣなどの間接的債権者だったからです。

閑散としている状態で、債権者会議は始まります。破産管財人である弁護士先生が、進んでいる財産処分などの現況について粛々と説明していきます。そして裁判官が「何か聞きたいことはないですか」と問いますが、手を挙げた人はいませんでした。

この間、たったの五分です。

この債権者会議も、開かれたのはわずかに四回でした。

そして、回を重ねるごとに出席する債権者の数は減っていきました。

四回目、最後の債権者会議となったのが、平成二二年の二月二二日でした。二並びの日です。

「アドレスはにゃんにゃんにゃん、てん、こ、てん、ＪＰ（222.co.jp）」と、テレビＣＭでツカサのネットアドレスを宣伝していましたが、この「２２２」と二月二二日、これも偶然ではないのでしょう。

負債金額が大きくて債権者が多い場合、もめることも多々あると聞きます。それが一回たった五分の債権者会議を四回開いただけで終わる、恐らくはこんな前例はないでしょう。

私は少なくとも五年はかかると覚悟していました。それがわずか一年かかることなく終わったのです。この間は「いつどうなるかわからない状態」で、精神的に非常に追い詰められた状態でした。

それでも結果から考えれば、私はバブル崩壊から背負ってきた重荷からようやく解放されたのです。

三　天災（東日本大震災）でまた新たなどん底へ

また避けられない天災で、事業ストップのどん底へ

ここまで克明に私自身に起きたどん底を振り返ってきました。

映画ならば、もうこのあたりで、ハッピーエンドでエンドロールへという流れになってもいいのでしょうが、人生のドラマはまた新たなどん底を用意していました。

東日本大震災。

予期せぬ天災はこれまでも様々な人たちの運命を翻弄してきましたが、一〇〇〇年に一度と呼ばれたこの地震で、またもどん底に叩き落されてしまいます。

前述のように、信じられない早さで裁判も終わり、ようやく借金から解放されて、いよいよ村作り開始。二〇〇九年十月、まずは村作りの拠点とすべく、古民家の改装を始めました。

二〇一〇年二月からは、現地体験会を開始。今では、「田舎暮らし」に憧れる人も増えたり、古民家や空き家を借りて地方に移住する人たちが増えたりしていますが、会津原宿でその走りというべきイベントを東京からお客さんを連れていって始めました。

そして六月には、いよいよ建物作りを開始。対象地に向かう廃道の整備からツリーハウスを建設。これが30年代村がスタートしての初めての作品となりました。

九月には全国からボラバイト（ボランティアアルバイトの略、交通費は自己負担で働きに来る人たち）を募集して、本格的に村作りを開始しました。

この会津原宿の地主さんたちと全国から集まった若者たちによって、村の姿がどんどんできあがっていきます。この地は冬になると、大雪が降る場所。工事はいったん中止です。ボラバイトの方にもいったん帰っていただいて、雪解けで再開する予定でした。

二〇一一年三月十一日十四時四六分、東北、関東地方を激しい揺れが襲いました。

東日本大震災です。巨大な津波は街を襲っただけでなく、原発での事故も引き起こします。「福島原発事故」。あのソ連のチェルノブイリ原発事故以上の大惨事になってしまいました。

私はこの福島・会津で新事業を立ち上げて、これまでのどん底から抜け出す準備をしていました。

そこにこの未曽有の天災と人災ですから、「もうこれでダメだ」と思う人もいるでしょう。

しかし、それでも私はあきらめません。

この大震災に、私はこの会津若松にいて遭遇しました。数日間は動けず、東京にも帰れませんでした。それはガソリンがなかったためですが、他の物資については何ら困ることはありませんでした。それは太平洋側からがストップしても、日本海側からは入ってきたからです。

そしてこのとき、私は二つのことを痛感させられました。

一つは、この会津の人たちの精神性の強さです。そしてもう一つは、自分たちができることはやっておくことの大事さです。

マグニチュード九・〇という、世界でも稀な大地震は世界中を震撼させましたが、この地・会津原宿の人たちは、「ここは会津磐梯山が守ってくれるから、何があっても大丈夫だ」と言っていました。

この大地震で浮足立ったのは、むしろ都市部、東京の人たちではなかったでしょうか。買い占めで食べ物、燃料がなくなってしまいました。

「心棒」というものがこの会津の人たちにはあることを、この大震災ではっきり感じとることができました。そしてこの「心棒」こそがこれからの日本には必要なんだと痛感したのです。

もう一つは、ここ会津原宿というところは農業、林業しかない、いわば限界集落のように普通なら映ってしまうでしょうが、こんな非常時には、コメもある、野菜もある、そして木を切ってくれば燃料もある場所だったということです。便利さ、合理化の影で見えなかった、大切なものがこの大震災で見えたような氣がしたことです。

この会津には、今の日本が失ってしまった、この二つの大事なものがあることをこの大震災は教えてくれました。

この天災、人災であきらめるどころか、やり遂げなければならないという使命感を強くしてくれたのがこの大震災でした。

そして、一つの奇跡の出来事がありました。

会津若松は福島第一原発から約一〇〇キロの距離にあります。同範囲内でいえば、仙台市も含まれるくらいの距離です。最近ではすっかり放射能については報道されることはなくなりましたが、「ここ会津は、同じ福島でも新潟に近く、放射能値は東京や千葉のほうが高い」ことはここではっきりと述べておきたいと思います。

それは、郡山との間に奥羽山脈があることと、陸から海に向けて風が吹いていたことなどが幸いしたのかもしれません。あるいは、会津の人たちが言う通り、会津磐梯山が守ってくれたからもしれません。

会津若松はこの人災からも奇跡的に守られたのです。

「フクシマ」はどん底とは思っていない

東日本大震災で発生した津波によって、原発事故は引き起こされました。

この事故を引き起こしたのは「天災」ですが、ここまで深刻な事態にさせてしまったのは「人災」です。

驚くべきことにその後、国民が必要とするような大事な情報が公開されなかったとか、ウソの発表がなされていたことなどで、かえって不安が世界中を駆け抜けていきました。東京オリンピック誘致のために、安倍首相は「福島はアンダーコントロールされている」と発言しました。情報が何も出てこないので判断のしようもありませんが、海外はそうは受け取ってはいないようです。

いつしか、福島は世界から「フクシマ」と呼ばれるようになっていました。

しかし、私は今の「フクシマ」を最低最悪のどん底状態にあるとは思っていません。

震災から五年が経ち、当時に比べて風評被害はいくぶん良くはなりつつありますが、東北の復興はまだまだこれからです。

これではもうどうしようもないと誰もが思うでしょうが、私は違います。

これにも必ず意味があってのことだろうと考えるから、私には決してどん底であるとは映らないのです。

それは、これからフクシマが日本の復興のシンボルになりうる希望を持っていると思えるからです。海外メディアがこれだけ「フクシマ」「フクシマ」とその名前を世界に広げてくれました。そしてこの地でこれまでにないやり方でこの最悪の事態をひっくり返したとしたら、世界はどういう反応を示すでしょうか。

今が最悪の事態なら、その裏には必ず最高がくっついています。

これをひっくり返せるかどうかで結果が違ってきますし、「どん底の後にはチャンスがある」とわかっているのですからあきらめたりはしません。

これが、日本人が本来持っている遺伝子なのだと思います。

この震災後、はっきりとした変化が四年目にして現れてきました。

それは、「意識の変化」です。

私の勉強会「会津村塾・田町」は、常識をひっくり返してこれからの生き方をともに考えようという内容で毎月開催しています。そこに来られる方々は、まだまだ少数ですが、意識の明らかな変化を感じました。

具体的に言えば、「村作り」を詳しく説明する必要がなくなってきたことです。波動が合うとでもいうのでしょうか、この村作りは一つの生き方の提案であると素直に受け取っていただけるようになってきたということです。

これまでは、イラストを見て、「ああ、テーマパークですね」、「これはダメですね」と最初から決めつけていますから、聞く耳を持ってはくれませんでした。

ところが、最近ご縁する方は、長々と説明することなく、自分の人生と重ねあわせて捉えてくれています。

これは一緒にやろうという仲間が出てきたことでもあります。

この村作り構想でたまたま縁ができた地が、なぜこの会津、猪苗代だったのか。

その意味はこれからはっきりしてくるのでしょうが、私は自分のどん底とこのフクシマのどん底をこの村作りによってひっくり返せると思っています。

コインに表裏があるように、どん底の次には必ず「チャンス」がぴったりとくっついていることを私の経験から感じとっていただけたでしょうか。どん底はひっくり返せば、チャンスになるのです。

次の章からは、私がこれらのどん底から何を学んでどう乗り切っていったのかをお話しすることにしましょう。

第三章　どん底　笑い

一　いつしか始めた「土壇場」の研究
―人生の成功者には必ずたどった道がある

赤壁の戦いで負けた曹操はその後どうなった

私は歴史に学ぶことが好きです。

特に本を読んで、昔の英傑の生き様や考え方から学ぶことは、どん底を抜け出す一番の近道になります。そして、大人物になった人ほど、どん底から逃げたのではなく、どん底に自ら立ち向かっていた人であることに氣付きます。


その英傑の一人は、曹操孟徳です。『三国志』の英傑の一人です。

漫画家の横山光輝氏がコミックで描き、二〇〇九年に話題となった映画『レッドクリフ』で描かれた人物です。また、中国歴史ドラマ「三国志」もビデオになっていますから、ご覧になられた方も多いでしょう。

これらの中で、この曹操はどう描かれていたでしょうか。考えてみてください。

映画の『レッドクリフ』は、そのタイトルの通り、三国志の有名な戦い、赤壁の戦いを映画化したもので、八十万人と二〇〇〇隻の戦艦を率いて攻めてきた曹操に対して、劉備と孫権が手を結んで戦い勝利するというストーリーです。圧倒的な大軍に、戦略、戦術を駆使して勝つ。軍師・諸葛亮孔明の軍略の痛快さを特に日本人は好みますが、ここで問いたいのは、負けて命からがら独りで逃げた曹操をあなたはどう思ったか、です。

「桃園の誓い」「三顧の礼」で義を重んじた劉備に対して、曹操は「極悪卑劣」で、正義の前に悪が滅びるという描かれ方をされています。

しかし、本当の歴史はどうだったのでしょうか。

歴史の教科書で習ったと思いますが、邪馬台国の卑弥呼が使者を送った国で中国の「魏」という国が出てきます（『魏志倭人伝』）。

その「魏」を建国したのは、曹操の息子・曹丕です。

つまりは、歴史の表舞台に登場してくるのは、敗残の将となっても、最後まであきらめずにどん底をひっくり返した曹操でした。

どん底なくして成功なし。当時は負ければ、すなわち、死です。成功は常にどん底と背中合わせだということを、歴史の人物たちは現代の私たちに教えてくれているのです。

命を賭けたどん底を買って出て、「笑い」に変えた男たち

日本で、曹操に並ぶ英傑といえば、織田信長でしょう。

自ら〝第六天魔王〟と名乗って、宗教や権威などの旧体制を徹底的にぶち壊して、新たな時代を切り開こうとした英傑です。

比叡山の焼き討ちや石山本願寺の一向宗徒との戦いでは宗教勢力を敵に回し、当時の権威の象徴であった足利将軍も追い出して室町幕府を滅亡させます。

その信長にも、命からがら逃げ延びた、有名な大敗があります。「金ヶ崎崩れ」と呼ばれています。

一五七〇年、織田・徳川連合軍が越前（今の福井県）の朝倉義景を征伐に出陣します。後方は、妹・お市を嫁がせて同盟を結んだ近江・浅井長政がいたから、信長としては負け戦など考えられない、盤石の体制で臨んだ戦争でした。

ところが、予想しない出来事が信長を襲います。

浅井長政の裏切りです。

浅井家と朝倉家とは古い付き合い。長政は結婚による同盟ではなく、古い付き合いを大事にするという選択をしました。

これは、信長にとっては想定外のどん底、長政にとっては命を賭けた選択です。失敗すれば今度は自分の命がありません。

織田・徳川軍は退路を断たれて、袋のネズミです。

ここで信長と長政、勝敗を決めたのは、決断の早さです。

信長は危険とみるや、陣中を部下に任せてさっさと逃げ出してしまいます。当時の戦いは、桶狭間のように、総大将が討ち取られれば終わります。信長はこのことがわかっていたから、さっさと逃げ出しました。

そこで考えてみてください。この浅井長政の裏切りで一番どん底状態にあるのは誰でしょうか。

信長ではありません。

味方を逃がすために「殿（しんがり）」をつとめなければならない武将です。自分の死はもう決まったようなもので、総大将を領地まで逃がさなければなりません。

その「殿役」を買って出たのは、木下秀吉（後の豊臣秀吉）と徳川家康でした。

総大将の命のどん底のときに、自らが命を賭けることで、この二人は後に「天下人」と呼ばれるようになります。二人は、とんでもないどん底をひっくり返して、人生の「笑い」を勝ち取ったのです。

修羅場を踏みとどまり、「笑った」男

こうした例をあげるのは、人生において、こんな大敗を経験することなど、普通の人ではありえないからです。大きな災いが襲ってきたら、それは自分という人物を見込んでのことだと前向きにとらえてほしいからです。

「こんなことで自殺しなければならないと思うのか」と、周りの人からみればその程度にしか思えないことでも、それが死をかけるほどの問題ならば、その人にとっては、命がけの殿戦（しんがりせん）を経験していることになります。

その殿戦で踏みとどまれるかどうかです。あきらめればそれまでです。

とどまるにはどうすればいいのかと思った方もおられるでしょう。そんなこと、無理なのではと思われた方が多いのではないでしょうか。

とどまるのは、そんなに難しいことではありません。ただ「食べて寝ればいい」のです（詳しくは後述）。

修羅場、土壇場でも「食べて寝る」。

これを実践したのが、江戸幕府を開いた徳川家康です。

家康の生涯一度の大敗となったのが、武田信玄との三方ヶ原の戦いでした。

浜松城を素通りする信玄に「三河武士の面目」を傷つけられたとして追いかけて出陣しますが、これは信玄の罠でした。

怒りに任せて行動したことで、家康軍はわずか二時間ばかりの戦闘で大敗を喫してしまいます。そして、家康はほんのわずかな兵とともに命からがら浜松城に逃げかえってきます。

武田側は山県昌景が追撃してきます。

武田の勢いに対して、もう徳川側に城を守れる兵はいません。

この絶体絶命の追い詰められたどん底状態で、家康はどういう態度をとったのでしょうか。

その行動とは、「城門は開けたままにせよ。篝火を焚いて火を絶やすな」と命じた後、自分は湯漬け（御飯）を食べて高いびきで寝てしまったのです。

この行動に何か罠があると思ったのが、家康をどん底に追い込んだ武田側の山県昌景でした。無理に城攻めをせずに退却します。ここで一気呵成に攻められていたら、江戸幕府は歴史上なかったのです。

この家康の絶体絶命のどん底のように、死ぬことまで覚悟できるのであれば、居直ってしまえばいい。日頃食べられなかったものでも食べて、ゆっくり寝て、目が覚めてから死ぬか生きるかを考えればいい。

そうすれば、寝ている間に武田軍がいなくなったように、どん底のほうからいなくなってしまうことだってあるのです。

二　どん底を「笑い」に変えた私の極意、教えます

極意（一）　たった一行の言葉でどん底は救われる。本を読むべし

苦しいときに、思わず開いた本の言葉が目に飛び込んできて、氣持ちが楽になったという経験がある人もいるかと思います。また、図書館や本屋にでも行って、自分が「これだ」と思う本を見つけて開いたところに、自分が求めていた言葉があったという経験のある人もいると思います。

「本との出会いで人生は変わる」のです。

私も、困難に出会ったときに、不思議と本との出会いが窮地を救ってくれています。

その本とは、第一章でも書きましたが、中村天風先生の本です。本当に不思議な出会いでした。

それは、建設費用三〇〇〇万円を持ち逃げされたときのことです。期待に胸を膨らませている状態からいきなりのどん底です。何もしたくない、何も考えたくない。そんなときに、新聞の広告がたまたま目に入ってきました。

「心持ち次第で前向きに生きられる」

と、そこにはデカデカと宣伝文句が書かれていました。

そのときは中村天風先生がどういう人かを知りませんから、この言葉そのものを私が求めていたのでしょう。すぐさま買い求めてむさぼるように読みました。

呆然自失になるほどのどん底でしたが、このたった一行の言葉で救われたのです。その後も、この言葉は自分が苦しい状態になると脳裏に浮かんでくるようになり、幾度となく私を救ってくれています。

「まるで人が変わったようだね」と言われる人がいます。死ぬ思いをしたとか、大病をしたとか、大変な困難にぶち当たった人がまるで生まれ変わったかのように別人になってしまうことがあります。私自身も、このときのどうしようもない状態をこの一言で救われたことから、考え方、生き方がまるで変わって、顔の表情すら変わってしまいました。

そして、その後のバブル崩壊というどん底は、私の性格まで変えてしまったのです。

どん底で時間ができたときは、無為に過ごすのではなく、本を読んで昔の英傑の生き方に学べば、どん底から抜け出すヒントが見つかるはずです。

極意（二）　引きこもることなかれ。行動せよ

私のこれまでのどん底は、「勉強嫌い」が原因でした。考えてみれば、自分で自分のどん底の種を蒔いていたようなものですが、バブル崩壊の時だけは違っていました。

「自分は事業経営者として正しいことをやっている。それがようやく実を結んできた」という実感がようやく持てた矢先のどん底だったからです。

このときばかりは、恨み、つらみが抑えられませんでした。

結果的にこの恨み、つらみが、勉強嫌いの自分を、自分でも信じられないような人間へと変えていくのですから驚きです。

このときを境に、猛然と本を読み、勉強を始めたのです。先ほども述べましたが、人間が性

格から変わるときは、よほどのことがない限りはありえません。勉強嫌いの私が変わったのは、私をこんなにひどい目にあわせた張本人は誰かを知りたかったからです。

「バブル潰しの犯人は誰か」

当時、新聞が八紙、三十誌以上の月刊誌、週刊誌、そして単行本と、その答えを求めて読み漁りました。

そして、「バブル崩壊を警告していた」数多くの本を知ります。自分はこのバブルに踊らされた一人だったことを知って愕然としたことは第一章でお話ししましたが、この猛勉強から私が得た教訓があります。

私は、すべての価値の根源は「東京都心部の土地である」と信じてきました。人口、生産性、インフラとこれだけ集まった大都市は、世界のどこを探しても東京の他にはありません。この東京で、銀行から借りた金の元利以上のビジネスをやれば、必ず成功すると確信していました。し、実際に成功者になりました。

しかし、その確信や自信は、バブル崩壊により一瞬で崩れ去ります。

そしてこの猛勉強で、

「価値の根源は情報である」

ことに氣付いたのです。

バブル崩壊を引き起こし、私をどん底にたたき落とした大蔵省の総量規制通達も、不動産屋にカネを貸すなという「情報」に過ぎません。「信用」も情報です。

この大事なことに氣付いたのです。前もって知っていたり、氣付いたりしていれば、どん底にならずに済んだ。それほど「情報」とは大事なものですが、当時の日本人は情報の意味を理解していません。私もそのうちの一人でした。

この氣付きは、どん底にあった私に一つの役割を作ってくれました。

講演会の講師としての役割です。

自分のバブル崩壊での経験を語ることから、自分自身で集めた経済情報を分析、解説する勉強会「ワンワン倶楽部」を立ち上げ、十五年間も主宰してきました。そして、こうした講演会で話し始めたことが契機となり、経済誌への連載企画や単行本の依頼を受けるようにもなりました。

どん底とは自分の行動次第で、自分の新たな役割が見つかるときです。

どん底のときこそ引きこもってはいけません。外に出て行動したり、新しいことを始めたりすると、そこから思わぬチャンスの芽が出てくることがあります。たとえば、ＮＰＯなどの社会福祉活動に目を向けてみるのもいいかもしれません。自分のやりたいことを見つけて、参加してみる。そうすれば、仕事以外でも自分が活躍できる場ができます。仲間ができます。役所などの市民センターに行けば、情報はいくらでもあります。さあ、行動しましょう。

極意（三）　悩まず、とにかく、「食べて寝る」

本当に悔しい思いをしたとか、「この先どうなるのだろう」と氣になって仕方がないとき、たいていの人は食欲が落ちて何も食べられなくなったり、眠れなくなったりするものです。それが普通なのでしょうが、それではかえって健康までダメにしてしまいます。

「悩まず、とにかく、食べて寝る」です。

そういう私も、最初からこう思っていたわけではありません。

私も大蔵省のたった一通の通達で銀行の融資が止められたときには、精神的に追い詰められて、何日間も寝られないことがありましたし、人にだまされたときにも、心臓がバクバクして寝られなかったこともありました。

そんなとき、ふと思ったのが、

「いくら考えても、その状況が変わるはずはない」ということでした。

悔しい思いも、心配事も、氣持ちの問題です。悩んで身体を壊してしまえば、もっと嫌な思いや痛い思いまでしなければならなくなって、余計に氣持ちが滅入ることになります。

そのとき以来、私が肝に銘じるようになったのは、

「自分でどうしようもない状態に追い込まれたときは、じたばたしないで、食べて寝る」

ということでした。

中村天風先生は、こう言っています。

「苦労したり、悩んだり、人を憎んだり、恐れたり、悲しんでいるとき、氣持ちいいですか。あんな嫌な氣持ち、なかろう。その嫌な氣持ちを、なぜココロにさせるんだ。喜ばせてやれ。しじゅう楽しく考えさせてやれ。それがココロに対するあなた方の義務だ」

天風先生は三〇歳のとき、結核にかかってしまいます。当時、結核といえば、不治の病でした。若い頃はスパイとして命を張った仕事をしていたこともありました。結核になったことで死にたくないと思い悩みます。「アメリカに行けば治るのでは」と言われて渡米しますが、治り

ません。いよいよ死を覚悟して帰国の途に着こうとしたとき、インド・ヨーガの聖人カリアッパと出会います。

その聖人カリアッパからこう言われます。

「身体の病をココロにまで迷惑をかけるな」

痛いのは身体の問題である。それをなぜ思い悩んでココロまで弱らせるのかと言われて、天風先生は「はっ！」と氣付くのです。

そのとき、結核という病はどこかに消えてなくなっていました。

そして、ここが一番大事なことです。

身体が疲労困憊している状態で、いいアイデア、前向きな発想が出てくるでしょうか。

悩んだり、イライラしたりした状態で考えるのと、いったん眠ってから考えるのとでは、出てくるアイデア、発想が違っていて当然なのです。

悩まず、イライラせず、とにかく、「食べて寝る」です。

最近の調査で、睡眠と仕事の満足度に関係があることがわかってきました。

味の素の調査で、「バリバリ働いている人は寝ていないのではなく、きちんと睡眠をとっている」ことがはっきりしています。どん底からこれまでのようにバリバリやっていた頃の自分に戻すには、寝ることです。無理にでも寝ることです。これがどん底を抜け出す第一歩です。

極意（四）　「いつも考え方はプラスに」を心掛けよう

病氣になって氣持ちが落ち込んでしまうことはよくあることですが、ココロ、精神が身体を病氣にすることもあります。現代という時代はどうもココロの病のほうが増えているようです。人間関係などから「高ストレス社会」と呼ばれたりしています。では、そうならないようにするにはどうすればいいのでしょうか。

ここで私が口を酸っぱくして言いたいのは、「マイナスのことは考えてはいけない」ということです。

①「どん底」では、考えるべきことを考えよ

どん底のときこそ、マイナス発想をしてはいけません。

なぜ「命令口調」なのかと言えば、どん底を脱け出すにはこれが一番大事だからです。

特に日本人は困難に出会ったときに、すぐにマイナス発想になってしまいます。

たとえば、突然、会社が倒産したり、リストラされたりすれば、どうしてもこれからの人生のことを考えて、どんどん氣持ちが落ち込んでしまいます。「自分は何も悪いことをしていないのになぜこんな目にあうのか」とか、「自分がこんな目にあったのは、あいつが悪いからだ」とか。いつまでもこんなマイナス発想にこだわっていることが、どん底から脱け出せなくしてしまいます。

不幸がやってきたときに、それをプラスに捉えろと言われても、「そんなこと、無理だ」と思うのが普通なのですが、まずは考え方から変えて、プラス発想をすることが、どん底から這い上がる近道です。

初恋とか、受験の失敗で考えてみれば、わかりやすいでしょう。

失恋も不合格もココロに傷を受けてしまうもので、「これで人生の終わりだ」と感じる人もなかにはいるかと思います。

最近ではこうした痛みを味わいたくないから、恋愛や友人関係に消極的な若者たちが増えていると言われます。特に男性は「草食系」という新語すらできてしまいました。

失恋、不合格で少々の傷を負っても、めげずに次へのチャレンジをあきらめない人が、結果的に新しい恋人ができたり、もっといい学校に入れたりします。

失敗で受けた傷など、「何でもなかった」ことになってしまいます。

失業、挫折も、同じことです。

「地獄をつくり、極楽をつくるのもココロだ。ココロは、我々に悲劇と喜劇を感じさせる秘密の玉手箱だ」

中村天風先生は、ココロが地獄もつくるし、極楽もつくると言っています。

どん底になったときにマイナスのことを考えてはいけないと私が言うのは、マイナスのココロがさらなるどん底を呼び寄せてくるからです。

そして天風先生は、絶対に考えてはいけないことを三つ挙げています。

「過ぎ去ったことを思い出して苦労すること」
「たった今の人生に対すること」
「先の心配をする取り越し苦労」

どうでしょう。

自分で自分を追い詰めてしまう人は、このマイナス発想から抜け出せずに、これらのどうでもいいことばかりを考えてしまいます。この三つは、ぜひとも覚えておいてください。

どん底のときに、この三つのことが自ずと氣になるのには理由があります。それは、「暇になるから」です。倒産やリストラでやることが何もなくなるから、先のことが心配になって食欲がなくなったり、寝られなくなったり、精神的に落ち込んだりしてしまうのです。

マイナス発想になってどん底を地獄にしないようにするには、自分を暇にしないことです。そんなときには、遊びでも、ゲームでも、ボランティアでも、自分が熱中できること、好きなことをやることです。やっている間だけでも嫌なことを忘れられます。そして時間の経過とともに考え方も変わってきて、新たな意欲が出てくることになります。

どん底のときは、放っておけばどんどんマイナス発想になってしまいます。考えてはいけないことばかりを考えて、どんどん氣持ちが落ち込んでしまいます。そうなってしまうのは、「暇」だからです。自分を暇にしないことです。好きなことをして時間を過ごすことです。そのときだけはどん底を忘れられます。

②　自分が言った言葉は自分に返ってくる、を肝に銘じる

どん底のときには、自分のことしか考えられなくなって、どうも感情的になってしまったり

して、自分が言った言葉でもう一つのどん底を引き起こしてしまうといった経験をした人もいるのではないでしょうか。

たとえば、財布を落として自分が嫌な思いをしているのなら、不機嫌なまま家に帰って、家族に文句などを言ってはいけません。

本人は当然面白くないのでしょうが、その文句を聞かされる家族はもっと面白くありません。家族を嫌な氣持ちにさせるのもよくないことですが、逆に「何をしていたの」、「どこで落としたの」と問い詰められることにもなりかねません。

財布を落としただけでショックを受けているのに、家族にまで嫌な思いをさせて、自分も「言わなければよかった」と後悔することになります。

自分に嫌なことがあったときには、言葉に出して言うことでの二次災害、三次災害を出さないようにすることです。

どん底、不幸のときには、感情的になっていますから、自分が何を言っているかに氣付かずに、思わぬしっぺ返しを受けて余計に落ち込んでしまうことがあります。

では、言葉の二次災害、三次災害を出さないためには、どうすればいいのでしょうか。

それは、マイナスの出来事が起きたときに、マイナスのことを「その時点で止めておく」ことです。

財布を落としたのなら、落としたことだけを不幸と考えるのです。「今後落とさないようにするにはどうしようか」とか、「あの中に免許証が入っていなくてよかった」とか、ちょっとでもプラスになることを考えて、「財布だけで済んでよかった」と言ってしまえば、思わぬしっぺ返しを受けるといった、それ以上のマイナスの出来事を起こさなくて済みます。

何度か痛い目にあって経験すれば、「自分が言った言葉は自分に返ってくる」という言葉の本当の意味がわかってくると思います。

これも私が経験したこと。わかるにはやはり経験することです。

「これでよかったんだ」

そう思えれば、氣持ちの上ではもうどん底を抜け出しています。なかなかこうは思えないからです。これも訓練です。嫌なことがあったとき、感情に任せて行動しないことです。そんなときは深呼吸でもして、「間」をとることです。

極意（五）「なんとかなるさ」と漠たる予感がやってくる

どん底がなぜやってくるのでしょうか。

どんな人でも必ずどん底がやってくることの意味を考えたことがあるでしょうか。

私は、「人生における分岐点が出てきた」と解釈しています。

それは、どん底の後の人生を良くするのも、悪くするのも、その困難をどう考え、どう行動して乗り切ったのかで決まってくるからです。


これは、会社（法人）のどん底である不況でお話しすれば、わかりやすいと思います。

みなさんは、なぜ不況がやってくるのかを考えたことがあるでしょうか。

好況と不況は交互にやってきますが、不況で全部の会社がダメになるわけではありません。

逆にデフレといった不況を利用して伸びていく会社もあります。

さて、なぜ不況がやってくるのかですが、それは、「今までのやり方はもう通用しませんよ」というメッセージを伝えるためです。多くの会社はこのメッセージを受け取ることができずに、同じことをまたやろうとするから、結果的にダメになってしまうのです。

経営方法、経営方針を根本から変えなさいというのが、会社のどん底、不況の意味です。

ゆえに、同じ経営陣ではまた同じことをやってしまいます。経営トップを入れ替えることが再生への近道となります。

人の人生のどん底でも同じです。

どん底とは、「これまでの生き方を変えられるかどうか」の決断力、行動力が試されているときです。借金でどん底になったのなら、借金に頼らない生活ができるかどうか。リストラでどん底になったのなら、前の会社とはキッパリおさらばして出直せるかどうかです。

私は、困難がやってきたときには、それを悪いこととは捉えません。

それを「漠たる予感」と自分で呼んでいますが、そんなときに限って、自分では「これがうまくいかなくても、次はなんとかなるさ」と思えるのです。何の根拠があるわけではありません。ただ、今は八方ふさがりであっても、それが永遠に続くはずもないし、いずれはなんとかなるときがやってくると漠然と思えるのです。

どん底、修羅場の経験をどんどん重ねてきたからかもしれませんが、「漠たる予感」がそのうち「これだ」「こうなんだ」と確信に近いものとして感じられるようになり、結果的にうまくいくことになるのです。

静岡県伊東で進めていた「昭和30年代村」が突然行き詰まったときもそうでした。この「漠たる予感」の通りに、次の候補地がその契約期限のわずか二日前に持ち込まれました。

周りの人たちにとっては、「これでどうなるのだろう」、「これは大変なことになった」と思える出来事であったとしても、私にはこの「漠たる予感」によって、どんなどん底でもたいしたことがないことにしてしまえるのです。


この「漠たる予感」は、人間なら誰しも持っている感覚です。五感以外の感覚で、第六感とでもいうのでしょうか。嫌な予感がするとは、動物として本来持っている能力です。これは安全安心の中では鈍り、危機のときには研ぎすまされます。どん底になるからこそ、人間が本来持っているこの能力に氣付けます。自分を信じることです。

極意（六）　ひどい目にあわせた人を救うことが私の仕返し

バブル崩壊で態度ががらりと変わったのは、銀行でした。

頭取や役員が出てきて「どうぞ借りてください」と言っていた銀行が、今度は、私を呼びつけて、課長や課長代理が、「なぜこんなに借りたんだ」と言うのですから、腹が立って仕方がありませんでした。「いつか見ていろ」と、お金ができると返済金に充てました。そのため、マンション建設をお願いした建設会社にはまったく払えなくなってしまいます。

会社を存続させるには、「払えないけれども、工事は続けてください」という無理なお願いをしなければなりません。すると、銀行とはまるで違う態度で応対してくれました。

「最後まで完成させますからご安心ください。ツカサさんは完成さえすればそこから収益が得られますから、分割でも払ってもらえれば結構です」

こんなありがたい言葉があるでしょうか。地獄の中の仏とはまさにこのことです。

この一言で、建設中だった十六棟を完成させて、ツカサはバブル崩壊後を生き残ることができました。

苦しいからこそ、同じ立場の相手を思いやることができる。

建設会社の人がこういう考えの人だったことで、私は救われたのです。


こうしたどん底を切り抜けた経験からか、いつしか私は「大変な目にあわせた銀行員を助けることが私の仕返しになる」と思ってきました。講演でもたびたび話しました。

そのたびに「助けることがなぜ復讐になるのですか」と問われましたが、理由は、「人を呪わば穴二つ」です。仕返しばかりを考えていては、自分を結局ダメにしてしまいます。仕返しなんて馬鹿なことは考えず、前に向かって進むことだけを考えることです。

自分がどん底に落ちたときは、少し、自分の周りを見渡してみてください。

どん底になれば、今まで感じなかったことが感じられるようになっているはずです。

たとえば、ホームレスの人。街中や駅にしても、自分がバリバリ働いていた頃にはその存在は目に入らなかったことでしょう。ところが、自分がどん底になったとたんに視界に入ってきます。弱者の氣持ちがわかるようになってくるからです。

今、都市の主要駅前には「ビッグイシュー」という雑誌を売っているホームレスの人たちがいます。彼らはこの雑誌を売る仕事をしてどん底から抜け出そうとがんばっている人たちです。自分よりも大変な思いをしている人に自分ができることをしていくと、それが結果的に自分を救うことになるのです。

自分がひどい目にあわされたら、相手に仕返ししようとは思わないことです。無駄です。自分をダメにしてしまいます。

そんなときにどうすればいいのでしょうか。自分がされて嫌だと思うことを相手にするのではなく、周りを見渡して、自分よりも大変な思いをしている人たちを応援することです。復讐ばかりを考えるよりも、ずっと氣持ちがいいですよ。

三 「こんなことをしていて、何になるのか」と思うこともある

どん底から抜け出すにはプラス思考が大事だという話をしました。私は中村天風先生の本と出会ってから思考を常にプラス波動にもっていく訓練をしてきましたが、それでも、「こんなことをしていて、何になるのか」と空虚感に襲われることがあります。

第二章でお話ししたように、福島県会津原宿での新事業は、実質的に私一人でやらなければならなくなってしまいました。

毎週、毎週、会津に行って、打ち合わせなどをしていますが、旅費から人件費など掛かる経費は全部自腹です。この状態を二〇〇九年四月からずっと続けてきました。

考えてみれば、こんな過酷な現実はないのではないでしょうか。

ウィークリーマンションもそうですが、ワンワンオフィス、ネットルームと新たなビジネスを世に送り出してきたのは、「いま困っている人たちを応援したい、救いたい」との思いからでした。この「昭和30年代村」もその思いから取り組んでいることです。

それでも、帰りが毎週深夜になり、身体も疲れているためか、「こんなことをしていて、何に

なるのか」と思うことがあります。
人間だから仕方がないのかもしれませんが、ここで氣持ちが腐ってしまえばそれまでです。

そんなときに限って、そんな氣持ちを奮い立たせるような不思議な出来事が起きます。
それは本当に疲れ果てて帰宅した日のことです。いつもならテレビをつけることなどありえないのですが、その日に限ってテレビをつけます。たまたま映ったのはNHKの歴史番組で、「重耳（ちょうじ）」でした。

重耳という人は、今から二六〇〇年前、中国春秋戦国時代の晋という国の君主です。
重耳は君主の家系に生まれますが、当時は身内同士が後継ぎを巡って血で血を洗う争いをしていた時代です。重耳も自殺を強要されますが、拒否して母の故郷へと四三歳のときに亡命します。

亡命五年目に父である晋の献公が亡くなります。その後、クーデターがあり、重耳を晋公の座に迎えようとしますが、重耳が暗殺を恐れて拒否。弟の夷吾が晋公の座につきます。即位した恵公は、今度は重耳を後々の禍根とみて、刺客を差し向けます。

そこから重耳は諸国を放浪することになります。その後、恵公が死に、生まれ故郷である晋にようやく戻り、晋の王・文公となります。

その重耳が、故郷を離れて諸国で放浪生活をしていたのが、十九年間。そして、文公になったのが、六二歳のときでした。

なぜこの番組が私の氣持ちを奮い立たせたのかといえば、私がバブル崩壊のとんでもない目にあわされたのが、四三歳のとき。そしてその番組を見たときが六二歳だったからです。

不思議と、この重耳の人生に私の人生が重なってしまったからです。

重耳は、十九年間の放浪の経験を活かして六二歳にして王となり、春秋五覇の筆頭に数えられる人物になりました。私も重耳と同じ年にどん底を経験させられ、それから十九年経って、ようやく自分が生涯をかけられる大プロジェクトに出会っています。

氣持ちが腐ってしまいそうなときだったから、この番組を見せられたのかもしれません。

私はこれで再び活力を得て、いまやっていることには必ず意味があるはずだ、絶対にあきらめてはいけないと思えるようになれたのです。

四　時間を味方と思え　――「時が解決する」は本当だ

好きなことをしているときはあっという間に過ぎてしまい、嫌なことをしているとき、辛い思い、痛い思いをしているときは、たった一分が一時間にも感じてしまいます。こんな経験、誰にでもあると思います。

しかしながら、時間の流れは一定のはずです。いいときも長続きしないが、永久に悪い状況が続くこともあり得ないはずです。過ぎ去ってしまえば、「光陰矢のごとし」です。そう思っていれば、時間は解決の味方になってくれます。

私の場合、バブル崩壊という自分ではどうしようもない出来事で、一五〇〇億円という借金を二十年間も背負ってきました。第二章でお話ししたように、『人生の意味と量子論』という本を出した後には、二度の脳梗塞に襲われて、会社も自宅も手放すことになってしまいましたが、振り返って考えれば、この間、とんでもない「どん底」状態でありながらもなんとか生きることができました。

この間に、返した借金は七〇〇億円。新たな事業を考えながら、この長いどん底のときを過ごしてきました。結果として、私がこの日本で作り上げたウィークリーマンション事業は私の手から離れていくことにはなりましたが、代わりに「昭和30年代村を作る」という新たな使命が見つかりました。

ウィークリーマンションは一棟建設するのに三十億円。それを四七棟作るために一五〇〇億円の借金をしたわけですが、この「昭和30年代村」も昔の街並みを再現するだけですから、三十億円で一つの村ができます。それを日本全国、四七都道府県に拡げることが私の目標です。

この不思議な数字の一致にお氣付きでしょうか。まさにウィークリーマンション事業とこの「昭和30年代村」とは、規模も予算もまったく同じなのです。ですから、この村の建設も私には「できる」という確信があります。ウィークリーマンションは、この事業を成し遂げるためのシミュレーションだったと思っています。

こう考えられるようになったのも、「時間を味方にした」からです。

「どん底」の状態にあっても、あきらめずに這い上がろうと努力することです。めげずに努力し続けていれば、そのうち、世の中が変わります。状況が変わります。

問題は、それまでの間をがんばり抜けるかです。

「大変だ。これからどうしよう」とばかり考えてしまうから、どんどん苦しくなって、自分で自分を追い込んでしまいます。

「時間を味方につける」とは、朝目覚めて、今日一日、とにかく今日一日だけを乗り切ることだけを考えることです。そうしていけば、いつしか半年経ち、一年だってあっという間に過ぎ去ってしまいます。

「十年経てば一昔」と言われるように、どんな状況であっても、十年あれば変わります。

十年と言われて、「とんでもない。とてもそんな長い時間は耐えられない」と思われているかもしれませんが、今から十年前を振り返ってみてください。その間もいろんなことがあったはずです。大変なときを過ごしてきたように思えても、あっという間の十年だったのではないでしょうか。

これから先の十年も同じです。今日一日をなんとか乗り切ることだけを考えて続けていけば、あっという間に十年なんて過ぎ去ってしまいます。


辛いとき、嫌なときは、とにかく時間が経つのが遅く感じられてなりません。

それは誰だって同じです。

そんなときは、今日一日をなんとか乗り切ることだけを考えてください。マイナスのことを考えそうになったら、さっさと「食べて寝る」のです。この繰り返しで月日は過ぎて、あっという間に十年なんて過ぎ去ってしまいます。
「時間は味方になる」ようにできているのです。

五　どん底は笑い飛ばせば、消えていく

命に関わる病氣、裏切り、そして会社の清算、自己破産と、このうちの一つでも経験すれば、それだけで人生の終わりだと考えてしまうのが普通だと思います。

しかし、私はこのどん底状態であっても、講演会のゲストスピーカーとして呼ばれたりしています。普通ならば「そのときに輝いている人」がこうした場所には呼ばれるのでしょうが、なぜか私は呼ばれるのです。そしてこの本の企画も、「最低最悪のどん底のときだからこそ、ぜひお願いします」ということで御依頼が来ました。また、日本テレビ「幸せ!ボンビーガール」（二〇一五年六月二十三日放映）の取材も、一世風靡した社長でどん底に落ち、それでも再起を

目指してがんばっている人を取り上げたいとのことで依頼が来ました。

話し終えると、「社長のどん底の苦労話を聞くと、なぜか笑ってしまいます。そしてなぜかがんばろうという氣持ちになれるのはどうしてですか」と聞かれることがあります。普通なら、聞いている自分まで暗く落ち込んでしまうから、他人のどん底話など聞きたくないはずです。

私は自分のどん底話を、なぜ笑って話せるのでしょうか。

それは、「どん底での苦労を苦労と思っていないから」です。

二度も脳梗塞で倒れながらも、ほとんど後遺症がない。これを素直に奇跡が起きたと受け入れています。普通ならもう死んでいるでしょうし、運がよくても後遺症が残っていたはずです。私はそんなこともなく、仕事もこれまで以上にできるようになって、おまけに入院生活でメタボまでなくなってしまいました。

会社倒産にしても、一五〇〇億円から七九〇億円というところまで借金を返してきてやむにやまれぬ事情から破産することになりましたが、ここまで借金を返そうと自分が誠心誠意やってきたことに何ら恥入ることはないと思っています。

このような今のどん底でも辛いとか苦労しているとは思っていないのですから、講演会で話すときも、明るく、笑ってどん底を語っているのだと思います。ですから、聞く方々にも伝わって、笑って私の話を聞くことができるのだと思っています。

しかし、苦労を苦労として思えなくなるまでは大変でした。

なぜ苦労と思えなくなるかといえば、「すべては過去の体験がある」からです。

初めて人生のどん底を経験している人に、今の状況を笑い飛ばせと言っても無理ですが、そのどん底経験を何度か経験してくると、どこかで自分の氣持ちが切り替わって苦労が苦労ではなくなります。

私の場合は、バブル崩壊で融資を止められたときが一番辛いどん底で、そのときに身体がブルブルと震えるほどのショックを味わう経験をしていますから、「あのときと比べたらこんなことはたいしたことではないんだ」と思うことができます。

どん底での苦労を大変だと思うかどうかはその人次第です。私は、苦労を苦労とは思っていないから自分の苦労話を人に笑ってできるのだと思います。

辛いとき、苦しいときこそ楽になるにはどうしたらいいのかを考えてください。難しくはありません。今の氣持ちを誰かに聞いてもらうだけでもいいじゃないですか。過ぎ去ってしまえば、どん底は笑い話として話せるようになっていくのですから。

六　どん底は自分らしい「味」をつけるときと思って笑え

屋久島には、世界遺産になっている屋久杉の自生林があります。そのうち樹齢が最高といわれる杉は「縄文杉」と呼ばれていますが、なぜこの島を訪れる人は、往復八時間から十時間もかけて歩いて、この「縄文杉」を見に行くのでしょうか。

この島にある「縄文杉」は、杉としては普通の杉です。たとえば、日光東照宮への参道には一万三〇〇〇本あまりの杉並木がありますが、日光の杉と同じ杉です。

「縄文杉」とは何が違うのでしょうか。

樹齢が圧倒的に違うと考える人もいるかと思いますが、その決定的な違いはその「土台（土壌）」です。

屋久島は花崗岩からできています。土がない状況の中で、ここの杉は根を張って育ってきました。つまり、「縄文杉」は生まれながらにしてどん底の環境に身を置きながら時間をかけて必死で生きてきたのです。そのため、あれだけ「ひねくれて」、ああいう形になったのです。ひねくれているから、観れば「味」があります。

日光の杉は、まっすぐ一直線に立っています。一万本を超える杉並木だから観光地になっていますが、一本一本の杉を見ても、何の「味」もありません。

人間だって同じです。

大学に行って、サラリーマンになる。それでエリート街道を歩んで一流会社の社長になったといっても、そんな人の話を聞いて面白い、ためになると思えるでしょうか。そういう人とつきあってみても、何にも面白くはないのではないでしょうか。反面、苦労ばかりしてきた中小企業の社長の話は本当に面白いし、ためになります。

なぜかといえば、育った環境が違うからです。

どん底がやってくれば、この「縄文杉」のように、自分らしい「味」をつけるときがやってきたのだと、むしろ喜んだり、笑ったりするべきです。

昔から「苦労は買ってでもしろ」と言われたものです。

自分なりの人生を作るために、どん底はやってきて、そこを乗り越えるから、自分なりの「味」が出てくるのです。

自分という人間が試されるときがどん底であり、そのどん底こそ、自分らしさがつくれるときです。人生の修羅場をくぐり抜けていくから、人間味、人間力が出てくるのです。

どん底とは、自分の人生を豊かなものにしてくれているときと考えてみてください。縄文杉は生まれながらにしてどん底状態にあったことで、あれだけひねくれて育ち、オンリーワンになったのです。そのため、人のココロを惹きつけてやまないのですが、人間でも同じです。どん底で人間力が磨かれていくのです。

第四章　どん底　理由

一　どん底には免疫がある人とない人がいる

私は、一九九〇年のバブル崩壊で自分がひどい目にあわされたときから感じていたことがありました。

それは、「これから不況になり、生活に行き詰まってくる人が増えると、起きることは決まっている」ということです。

具体的に言えば、「電車が止まる、火事が増える、そして犯罪が増える」ということです。

今から十九年前の一九九六年、私が主宰する勉強会「ワンワン倶楽部」でこの予測を発表しましたが、当時は不況と火事と犯罪がどう結びつくのかをわかる人は誰もいませんでした。

日本はまだまだ安全神話の国であり、まさか自分の身の回りで事件、事故が起きることなど考えてもいません。しかし、この予測は数年としない間に現実化してしまいます。ご記憶の方もおられると思いますが、東京中央線で人身事故が多発して、テレビ、週刊誌が大騒ぎしたのが、一九九八年のことです。

そして犯罪について言えば、「まさかこんな人が犯罪に走るとは思わなかった」という人が事件を起こすようになりました。

銀行員、教師、警察官から、官僚、検察官、弁護士など、社会的信用が高い、周りからは「まさか」と思われるような人が「魔がさした」とか、「何もわからず、氣付いたらこうなっていた」とかの理由で犯罪に走るケースが増えました。

銀行員や公務員が何億円といったおカネを使い込んだといった事件のニュースを見ますと、本当に真面目そうな人なのに、「ここまで大胆なことがよくできたな」と思うことがあります。きっかけは些細なことなのに、どんどん自分でどん底から「ドロ沼」にはまり込んでいっています。

なぜこうしたエリートと呼ばれる人たちが、いとも簡単に犯罪に走ってしまうのでしょうか。

それは、エリートの人たちほど、どん底や挫折を経験したことがないからです。挫折経験という免疫ができていないから、一気にドロ沼に入っていってしまうのです。

あがけばあがくほど、自分でどん底の底をやぶって「ドロ沼」「底なし沼」にしてしまいます。

先物取引、株式投資、そしてギャンブルで負けてお金を失ってしまったことで、頭がパニックになってしまえば、今をどうするかでせいいっぱいになってしまい、後先のことまで考えられません。そのお金が横領した金や使い込んだ金、預かった金であったときには、逮捕されるその瞬間まで、自分が何をやっているのかわからなくなってしまいます。

そんな人は、逮捕されることでようやく目が覚めて自分のやったことに氣付くのです。

そこで氣付いても、もはや救いようがありません。

そこから人生をやり直すことは、容易なことではありません。

そうした状況になってしまいがちなのは、真面目で、これまでに挫折した経験などないエリートだからなのです。


地位・権威のある人が、なぜ犯罪行為に走ってしまうのでしょうか。

それは、失敗、挫折、修羅場といったどん底経験がないからです。ちょっとしたことでも自暴自棄になってしまい、どん底を取り返しのつかない「ドロ沼」にしてしまいます。自分はエリートだという自覚が強い人ほど、どん底に対する免疫がありません。免疫を持つには、エリート意識を捨てることです。

二　今は誰もがどん底になってしまう理由

「情報が価値の根源」と氣付いてから、毎日、ネット等で情報収集と整理をしていますが、情報が氾濫する中で重点を置いているのが、ブログ等に書かれた真実の情報と、ツィッターなどに載っている人身事故のニュースです。特に、リーマンショック以降に格差、格差と騒がれ出してからは、件数が爆発的に増えて、一日に十件を越えることも珍しくなくなりました。今では電車が止まっても、日常の出来事になってしまいました。新聞もテレビも、人身事故を報道することはほとんどありません。

こんなこと、おかしいとは思いませんか。

「アフガン、パキスタンの戦争犠牲者十四万九千人　米ブラウン大学推計」いう記事がCNN（二〇一五年六月四日）で報道されましたが、この平和であるはずの日本で、一九九八年以降、毎年三万人を越える人たちが自殺で亡くなっています。一日に換算すると、八十人です。この数を累計すると、このアフガン戦争の犠牲者数の比ではありません。人の命を奪う目的の戦争以上の犠牲者が不況によって増えています。これではとても平和な国とは言えません。今の世界はまさに金融・経済で奪うか、奪い取られるかの戦争をしていて、対象はお金です。戦争で生きるか死ぬかのどん底経験をした人と比べれば、今の苦難なんてそんなにたいしたことではないと言う人もいますが、現代日本の「大変さ」は、昔とはまた違います。

それは、お金がすべてになってしまっているからです。

雇用契約を切られて給与が入ってこなくなれば、それで住む所も、食べるものも失ってしまいます。今は、お金がなくなること＝死です。

そんなときはいったいどうすればいいのでしょうか。

二〇一〇年六月、消費者金融の規制法が改悪されて、貸出額に総量規制がかけられるようになりました。これはバブル潰しのためにやった、あの不動産総量規制と同じことをまたやっていることになります。

当時は私のような不動産業者が痛い目にあいましたが、今は、多重債務者や主婦がこの問題で頭を痛めてきたことでしょう。

「借金」が原因のどん底なら、消費者金融からヤミ金などに走ってどん底をドロ沼にしてはいけません。どうすればいいのか。そんなときは、さっさと自己破産してしまうことです。

今の法律によって債務を処理してもらうのが、自己破産です。会社も、民事再生法とか、産業再生法といった法律を使って債務を処理して、どんどん再生しています。個人にも再生の機会を与えてくれるのが、この自己破産です。個人版の民事再生法もあります。

こうした法律を使って借金はさっさと整理してしまうことです。

弁護士事務所とヤミ金、どちらを選びますか。

借金を借金で返そうとすると、あとは行き詰まるしかありません。さっさと自己破産すれば、もう一度、自分の人生をやり直すことができるのです。

極端なことを言えば、とことんまで追い詰められる前に、さっさとその状況から逃げることです。

無一文になったらホームレスになればいい。そこから出直すことだってできるはずです。

ホームレスになっても、電車・地下鉄に乗っていれば、夏や冬もしのげます。食べるのにも不自由はしません。ホームレスで糖尿病になるのは日本くらいです。そしてなにより、仲間ができます。同じ苦労を知っている者同士で助け合いながら日々を暮らしている人たちはたくさんいます。

死ぬことを決意して電車に飛び込む、それだけの勇気があるなら、何だってできるはずです。それをよしとせずに、「死」を選んでしまうことは間違っていると思います。

今は、皆が大変な時期です。「自分だけが」と思って、悩み苦しまずに、知人や友人をどんどん頼るべきです。それでも行き詰まりそうになれば、逃げて、ホームレスになればいいのです。そこから人生をやり直すことはできます。

とにかく、生きてください。生き抜いてください。

「今は戦時中である」という意識を持ってください。人身事故、コンビニ強盗、万引きなどの犯罪は、マスコミが報道しなくなったからといってなくなったわけではありません。むしろ、増えています。

この経済戦争を作り出した原因は、「おカネ」です。

バブル崩壊で経済弱者がどんどんつくり出されています。国・政府も救ってくれるどころか、国民を苦しめてばかりです。

ならば、どうするのか。今の生活であり続けようとふんばるよりも、「下流化する」ことです。借金で苦しんでいるなら、自己破産で整理する。こうすれば、この経済戦争は自分で終わらせることができるのです。

三　人生最高のときがどん底になってしまう理由

日本人の宇宙飛行士も珍しい時代ではなくなりました。宇宙から帰還すれば、名誉市民になったり、テレビなどに出てきたりと、英雄になってしまいます。

現代の宇宙飛行士がそうなのだから、昔はもっとすごかったのではないかと思っていたら、アポロ十一号のパイロットだったオルドリン氏の人生を振り返る記事が出ていました。

アポロ十一号と言えば、人類初めての月面着陸という偉業を成し遂げたことであまりにも有名です。そのパイロットであったオルドリン氏の人生はさぞかし華々しい人生だったのだろうと思っていたら、想像を絶するような転落人生だったというのです。

その記事によれば、

「ＮＡＳＡを離れたことで、何をしていいかわからなくなり、ついにはうつ病を発症。さらに酒におぼれてアルコール依存症となり、三十年間も転落人生にあった」

といいます。

ここまでの偉業を成し遂げた人が、まさに絵に描いたような転落人生をなぜ歩んでしまったのでしょうか。

それは、どこかで自分の人生を勘違いして生きてきたからではないでしょうか。

本当に自分がやりたいことがわからないままに生きてきたからそうなったのではないでしょうか。

私には、そう思えます。

私の言いたいことを理解していただくために、中村天風先生の生きざまを紹介します。

中村天風先生は上野や芝で自分の経験を語る辻説法から始めて、日本の政界、財界の人たちに多大な影響を及ぼした人物ですが、最初から世のため人のためを考えてこうした辻説法をしたわけではありません。

天風先生は日清、日露戦争ではスパイとして活躍しました。しかし、捕えられて、銃殺刑になる間際で仲間に救いだされて九死に一生を得ます。そして、中国・孫文の辛亥革命に参加します。そのときに巨額の謝礼を得て、企業経営に携わり、東京実業貯蔵銀行頭取などを務めています。

おカネはどんどん入ってきます。好き勝手して、湯水のようにお金を使って、これ以上ないほどの豪遊をしますが、それでも楽しいとは思わなかったといいます。

あるとき、奥さんから「自分の親戚にあなたの話を聞きたい人がいるので話をしてほしい」と頼まれます。

これが転機でした。人前で初めて自分の体験談を話すのです。

「ためになった」「ありがとう」と声をかけられて、「自分の体験を喜んで聞いてくれる人がいる。こんなに氣持ちのいいことはない。これだ、これが本当にやりたかったことなんだ」と思って、やっていた会社をすべて廃業してしまいます。

そのときから、奥さんに作ってもらった弁当を持って、辻説法を始めるのです。

この中村天風先生の話から、「自分が向いていること」と「自分がやりたいこと、好きなこと」とは必ずしも一致しているとは限らないことがわかります。

本来自分がやるべきことに氣付かないまま、他人が引いたレールなり、他人の言うことだけを聞いて「自分はこれでいいんだ」という人生を歩んでいると、与えられた目標が達成できたときに、オルドリン氏のようにどん底を味わうことになるのではないでしょうか。

東大に入ることだけが目標で生きていれば、東大合格とともに自分の人生に迷うことになります。アルコール依存症や認知症になるのは定年直後が圧倒的に多いと聞きますが、それは、会社人間としての人生を生きてきただけで、自分の人生を歩んでこなかったからではないでしょうか。

自分がどう生きたいのかがわからない。自分についてあまりにも知らな過ぎます。

どん底とは、自分自身が一番よく見えるときです。「本当に自分は何がやりたいのか」、「何が好きなのか」を真剣に考えることができるときなのです。

他人の引いたレールの上を歩むことなかれ。

たとえ人類史上初の大偉業をなしとげた英雄でも、それが他人が引いたレールなら転落人生を歩むことになる。自分で人生を歩むなら、自分でレールを引きながら前に進むしかない。

どん底とは、他人の言いなりで人生を送るか、自分なりに道を引いて歩んでいくかの選択を迫られるときである。

サラリーマン、公務員であるあなた、これからどっちの道を歩みますか。

四　どん底を「不幸」と勘違いしてしまう理由

これでもか、これでもかと人生のどん底を経験させられてきた私が、自分の経験を通じて氣付いたことは、

「この世に本当の不幸があるとすれば、それは自分自身に関することではない」

ということです。

たとえば、それは、自分が愛する人、子供や恋人を自分より先に失うことです。

なぜ本当の不幸と言うのか。それは、自分ではもうどうすることもできないことだからです。

たいていは自分に起きることを災難、どん底と考えてしまうのでしょうが、何度も言っている通り、自分に起きたことは「自分でよかった」と言ってしまえば、マイナスの出来事はその時点で止めることができます。ですから、どん底が人生における最大の不幸であるとは言えません。

本当の不幸と自分に起きたどん底とは違うのです。

しかし、考えてみれば、その逆の考えをしている人のほうが多いようです。

自分がどん底に落ちたことが不愉快で家庭が崩壊してしまうとか、巨額の借金を抱えたことで家族を巻き添えにして一家心中してしまうという事件が起きます。

本来ならば、仕事を失っても、どんなことがあっても、愛する家族がいるからがんばることができたり、元氣が出てきたりするものですが、その逆のことをやってしまい、事件まで起こしてしまうケースが増えています。私から見れば、自分にやってきた不幸で他の人まで巻き込んで不幸にしてしまうのは、本当に身勝手としか言いようがありません。

自分が勝手にどん底を大きくして、それで家族を失ってしまうことになれば、それこそ本当の不幸を呼び寄せてしまうのです。

「どん底が不幸である」とは、大きな勘違いです。

どん底は自分自身に起きたこと。だから、自分の考え方、行動次第でなんとでもなります。

不幸とは、自分に起きたことではありません。それは、どん底で自分がダメになったからと家族を巻き込んでしまうことです。

五　どん底がチャンスだという、本当の理由

どん底がやってくれば、わらをもつかむ氣持ちでそこからどうやって抜け出そうかともがき苦しみます。

それがむしろ当然のことと思いますが、私の経験則から言えば、

「そのどん底や挫折は、その人に応じて与えられている苦難である」

ということです。

もう死んでしまいたいと思うような挫折経験をしますと、そこから宗教の世界へと入ってしまう人もいますが、私の場合は、中学、高校とカトリック系の学校に通って、ある意味、内側から宗教の世界を毎日見ていたので、反対に宗教に頼ることはありませんでした。

月曜日の朝には、教会でアーメンです。

何か相談事があれば、神父に相談します。すると、言われることは決まっています。

「神はあなたに耐えられない試練はお与えにはなられません。その試練が大きければ大きいほど、神のあなたに対する期待も大きいのです。耐えなさい」

「なにが耐えなさいだ、バカヤロウ」、「何が試練だ」と、そう思ってきました。

これまで宗教は一切信じてこなかったのですが、このどん底体験によって、神父さんに言われたことが「それは、そうかな」、「そういうことだったのかな」と思えるようになりました。

どん底で私の心境もずいぶんと変化したものです。

「どん底は、必ず自分でなんとかできる範囲のものしかやってこない」

どん底というのは、自分がどれほどの「器」であるのかを映し出してくれているのでしょう。

とんでもなく大きなどん底がやってきたときには、自分はそれだけの大人物の「器」なんだと思って、どん底に立ち向かえば、その通りの人物になっていくのです。

ただこれは、どん底のまっただなかにあるときには、わかりません。

私の場合、こうした考え方ができるようになるまでに、バブル崩壊、二度の脳梗塞と事故、会社破産と自己破産という経験が必要だったのでしょう。

人生では自分が乗り越えられない試練などやってこないと考えて、少しは氣持ちを楽にしてください。

今やってきている挫折、試練は、自分の力で解決できる大きさのものがやってきています。

どん底とは、自分という「器」の大きさを知ることができるチャンスです。

そう考えれば、どん底に立ち向かう勇気も出てくるでしょう。

逃げずに挑むことです。

六　理由なんて、最初はない。後になって出てくるもの

これまでお話ししてきましたように、信じられないくらいの数多くのどん底を経験し、乗り越えてきた自分の人生を振り返ってみますと、

「どん底に落ちるのは、最初から理由があるわけではない」

ということに氣付きます。

いま、どん底状態にある人は、たいていの人がその理由を必死で探し求めていて、なんとか自分を納得させようとしているのではないでしょうか。

「なぜ自分だけが」「あのときこうしておけばよかったのに」と、どん底になってしまった原

因や理由を探しますが、そんなものは最初からないのです。

二〇一一年三月十一日に発生した東日本大震災がなぜ起きたのでしょうか。あれこれ考えてしまうでしょうが、起きた時点では理由などありません。しかし、これから何年か経ったとき、「あの震災はなんだったのか」と振り返ったときに、突然その理由が出てくるのです。

「なぜあの大震災であれだけ多くの方々が命をなくさなければならなかったのか」

「なぜ日本の東北地方だったのか」

歴史の中での意味づけとか、大震災が発したメッセージにようやく氣付くことができるのです。

バブル崩壊もそうだったではないですか。その後の金融危機も、今日世界が直面している危機も、その意味は何年か経った後に見えてきました。

個人のどん底も同じです。

どん底に落ちてしまう理由なんて最初はありません。後になって振り返ってみると、「あのとき、これはそういう意味だったのか」

と、氣付けるのです。

そして、ここからが大事なことです。

そのどん底を後になって自分が良くなった理由にするのか、悪くなった理由にするのかは、「あなた自身が決める」のです。

ほとんどの人が残念ながら、悪いことが起きたときに「あのどん底が原因だった」と結びつけてしまいます。

第三章で述べましたが、成功した人、成功する人は、間違いなく、「どん底経験をプラスに活かした人」です。言葉では同じ「どん底」と言っても、それは普通の人ではとても考えられないような、壮絶な体験を成功者の誰もがさせられているのです。

「どん底」に意味があるとすれば、「そのときをどう感じて行動できるか否かで、その後が決まるときである」と言えます。

理由を考えても、最初から「ない」のですから出てくるはずはありません。

とにかく「どん底」に落ちたら、そこから後の人生を良くするんだと思って、行動してみることです。

どん底のときほど、行動することが大事になるときはないのですから。

第五章

どん底 原因

一　日本をここまでどん底にしている原因の正体

この章では、これから日本、そして世界がどうなっていくのかについてお話しします。経済や金融、社会の話です。今何が起きているのか、これから何が起きるのかについて見ていきます。それは、今の変化、これから予定されていることについてはぜひとも知っておいていただきたいからです。

一九九〇年のバブル崩壊は私の人生を一変させましたが、実は、日本人そのものの生き方を根底から揺るがす出来事になっています。

それがどういう変化なのか、お氣付きでしょうか。

それは、「不安」を常に抱えるようになってしまったということです。先行き不安、老後不安など、これまで意識しなかったことを意識せざるを得なくなります。なぜ生活を切り詰めて貯金をするのか。理由は、老後に備えるためです。個人の貯蓄額が増えるのは、バブル崩壊以降からです。江戸っ子は「宵越しの金は持たない」と言われましたが、バブル崩壊前までの日本人は同様の生活ができました。バブルはその最たる時代で、皆が明日のことなど気にせずにお金を使う。そんな時代に老後の不安などと言うと、笑われたかもしれません。

つまりは、現代人が抱える不安とは、お金の問題です。

このお金の問題で、格差、二極化と騒がれていますが、ここ最近は、経済格差以上に不安に感じていることがあるようです。

それが、「孤独」です。

二〇一四年六月にメットライフ生命が実施した、働く未婚女性（二十代から四十代）のアンケート結果によれば、「一生独身かも」と考えたことがある人は八割超で、将来不安に思っていることの一位は「老後の生活」。不安を感じるようになったきっかけとしては、「親の老い」という意識が浮き彫りになってきました。

「おばあちゃんになって独りでいるのは寂しい」との理由で婚活を始める女性が増えていると聞きます。少子化で困っている日本国としてはありがたいことですが、女性の結婚に対する意識がこれほどまでに変わってしまったのは残念なことではないでしょうか。

そして、老後にもまた新たな不安が始まります。

新たな三つの言葉が作られました。『無縁社会』と『老後破産』、そして『介護殺人』です。

『無縁社会』については、二〇〇九年にＮＨＫが特集番組を報道してから、社会に衝撃を与えました。二〇一〇年には百歳以上のお年寄りの身元がわからない事件が何百件と発覚しました。行方不明でも探そうとしないとか、遺骨を引き取りに来ないとか。これらの事件は、家族関係が崩壊していることを浮き彫りにしました。

また老老介護の末に、相手を殺して自分は死にきれずに逮捕されるという悲惨な事件も多発してきています。『介護殺人』と、これもNHKが名を付けて、二〇一六年七月に特集を報道しましたが、国が介護を施設から家庭に戻そうとしていることで、介護をめぐる問題、事件が多発するようになってきました。親の介護で仕事を辞めなければならない「介護離職」問題も、これから本番を迎えていくことになります。

そして『老後破産』という言葉もまた、NHKが二〇一四年九月に特集番組を報道したことから生まれます。高齢者人口三〇〇〇万人、そのうち、六〇〇〇万人が一人暮らし。その生活は、年金給付が下げられる一方で、医療や介護負担は重くなることから、崩壊寸前にまで追いつめられています。この番組に出て来た老人がみんな口にしたのは、「早く死にたい」でした。

このままでいいのでしょうか。

一昔前までは、長生きは皆が望んで、喜ぶべきことでした。

そして今、「長生きしたらどうしよう」と不安になる国になってしまいました。

これがこの日本をここまでどん底にしている原因の正体です。

どん底をつくり出す原因は何か。

今のどん底は、「おカネがすべてで、おカネの問題で格差、二極化が進んでいる」ことですが、これからのどん底は、「高齢化の急進で孤独化が進んでくる」ことになっていきます。

二　生きていくことが困難になった、その原因

どん底になると考えるのが、「こんな時代に生まれてくるんじゃなかった」ということです。

しかし、どの時代に生まれても、どん底は付いてきます。「この世に生まれてくるのは、こうしたどん底を乗り越えていくことで精神的に成長する修業のため」と考えれば、どん底はあって当たり前ということになります。

戦国時代や幕末が歴史の中では人気があります。それはこの二つの時代が自分の名を歴史に

残す好機、一攫千金のチャンスが誰にでも与えられている時代と映るからでしょうが、この時代は、どん底は死であり、何事も命懸けでした。

では、私たちが生きているこの平成の時代はどうでしょうか。

チャンスは戦国や幕末の比ではありません。グローバル時代、ネット時代を迎えて、自分がやりたいことができる環境は整っています。起業するのに年齢も関係ありません。世界には中学生、高校生で億単位のお金を稼いでいる人もたくさんいます。かといって、そういう人がいつまでも同じ地位にいられるかと言えばそうではなく、油断していると、ある日突然ひっくり返されます。

今は戦国、幕末以上に変化が激しく、その変化を楽しめる人にとっては、はるかに面白い時代を生きられていることになります。

平々凡々か、波瀾万丈か。

時代は自分が求める、求めないに関わらず、波瀾万丈の人生を送らざるをえなくなっていますが、多くの人の意識は、その逆、安心安定、平々凡々を望むようになっています。

安心安定を求める人が多くなることで、いったい何が起きているでしょうか。

一流大学に入る、大企業に入る、国家資格を取る、そして公務員になる。

この狭き門を勝ち残るための競争です。

他人を蹴落として自分が生き残ることが正義であり、「自分さえよければ」という意識が当たり前になっています。

勝ち残って、大企業に入った、国家資格を取った、公務員になったとしても、それで生涯、安心できるのでしょうか。

「ワーキングプアー（働く貧困層）」という言葉をご存知だと思いますが、二〇〇六年にこの言葉が米国からやってきて、その定義に当てはまった、ある職業があり、社会に大きな衝撃が走りました。

その職業は何か、わかりますか。

それは、歯医者さんでした。

難関の国家資格、しかも一度資格を取れば生涯その免許で仕事ができる職業です。しかも、健康保険制度に守られている。それでも、食べていけない歯医者さんが続出して、最近ではテナント料が払えずに夜逃げする歯医者さんもいるようです。

その歯医者さんに続いて、公認会計士、弁護士が同様の状況にあります。これらの資格で食べていくには独立開業しなければならず、そのためには巨額の資金が必要です。「会計士浪人」という言葉を知っているでしょうか。会計士浪人とは、資格を取るために浪人しているのではなく、資格は取ったがどこにも勤められず、浪人生活を余儀なくされる会計士さんのことで、珍しくはなくなってきています。

国家資格を取っても食べていけない。その原因を作り出したのは国の制度改革で、司法改革、会計改革などといって、その数を増やしすぎたからです。

生涯資格という安心、安定を求める人が増えすぎたために、市場は競争が激しくなり、結果的に波瀾万丈の人生を送らざるを得なくなっているのではないでしょうか。

経済、社会は乱世への道を突き進んでいます。一方、人の意識はその反動で安定志向がより強くなっています。一昔前までは当たり前だった安心安全、平々凡々が、今では一番難しくなってきています。それは、二極化が地球規模で急速に進んでいるからです。

では、どうすればいいのでしょうか。

みんなでそろって下流化すればいいのです。みんなが助け合って生きる、そんな社会にすればいいのです。

三　原因がわかれば未来は自ずと見えてくる

大多数の人が先行き不安、老後不安を抱えるようになってしまったのが、今の平成という時代です。

そこでこの章では、その不安の原因を探って説明しています。

不安や恐れを抱くのは、その正体がわからないからです。お化けが怖いのも、その正体がわからないからで、その正体がわかってしまえば、「なんだ、そういうことか」となってしまいます。不安を取り除くには、不安の原因を知ることです。

そして、この第五章はこれからのどん底に備えるためと思って、読み進んでください。

今の世界で始まっている変化、これからの変化について簡単に説明しましょう。

ここでは、「これからの変化の方向は、二極化である」という点と、もう一つ、「この変化は地球規模であり、どこにも逃げ場がない」という点をしっかりと頭の中に入れておいてください。

まずは、二極化についてですが、この日本でも格差、二極化は誰もが身にしみて感じることになってきています。この格差を引き起こした原因は何だったのでしょうか。

それはバブル崩壊であると答えるでしょう。それも一つの答えですが、真の答えではありません。その原因は、デリバティブ（金融派生商品）です。いわば、コンピューターの中のお金です。このデリバティブがバブルを創り、バブルを潰してきました。日本の株式市場もこのコンピューター上のお金によってバブルになりました。

このデリバティブ市場に最盛期にはどれくらいのお金があったと思われますか。

総額にして「八京円」。八万・兆円という言い方をしたほうがわかりやすいでしょうか。全世界のＧＤＰが六〇〇〇兆円くらいですから、この額がいかに大きいかがわかります。

最盛期と言ったのは、リーマンショックで巨額の損失が生まれたからです。このときにデリバティブ市場から吹き飛んだお金は、二京円とも、三京円とも言われています。二万・兆円、三万・兆円と言ってもピンと来ないでしょうが、全世界のＧＤＰの三年分から五年分に相当する額が一瞬で消えた。これがリーマンショックの意味です。

日本のバブル崩壊でも巨額の資産が消えましたが、その額は推計で二五〇〇兆円と言われていますから、アメリカの不動産バブルの崩壊がいかにとんでもない出来事だったのか、数字でおわかりいただけたのではないかと思います。

このバブル崩壊で生じた損失が、格差、二極化を生み出してきた原因です。

なぜそう言えるのでしょうか。

日本でも欧米でもそうですが、このバブル崩壊のツケを結果的に払わされているのは誰でしょう。

金融機関ではありません。不良債権を引き受けたのは国家であり、そのため、国は借金だらけになってしまいました。私は金融危機が発生した時点で、「バブルのすべてのツケはいずれは全国民に回される」と予測していましたが、残念ながらまさにその通りになってしまいました。

政府・官僚は借金、借金と言っては、大増税を国民に強いてきました。この消費増税八％と円安で、国民生活は破綻寸前です。今スーパーに行くと、真っ先に売れてしまうものは何か、ご存知でしょうか。

それは、一番安い、もやしです。生活防衛はもはや限界。消費税率十％の引き上げは、二〇一九年に先送りになりましたが、それでも国民が国家の政策によって追いつめられてきていることに違いはありません。

今の世界潮流は、二極化です。格差から二極化時代に入ってきたのは、それだけ中流層が没落しているからです。

ゆえに、その中流層で居続けることが一番難しくなっています。

以前から私は、さっさと下流化して、その与えられた環境の中で自分の生き方なり、生きがいなどを求める人生に切り替えるべきであると提言してきました。多くの人たちは下流化することを恐れ、これまでの生活ができなくなればどん底がやってきたと悲観的になってしまいますが、デリバティブの損失が引き起こしている世界のどん底はそう簡単に収まることではないことは、その損失額が表しています。「三万・兆円（三京円）がふきとんだ」。これだけは記憶しておいてください。

日本のバブル崩壊も、「失われた二十年」と言われながらも、まだ抜け出せないでいます。世界バブルの崩壊は日本の比ではありません。日本や欧米に生きる人たちが今のままの生活スタイルを続けていて解決できるとはとても思えません。

もう一つ、「この変化は地球規模である」という点ですが、日本のバブル崩壊では逃げようと思えば逃げられました。それは日本だけに起きたことだったからです。タックスヘイブンに資産を逃がしたり、日本から海外に移住した人もいますが、今回の変化は地球規模で、どこにも逃げ場はありません。ネットの時代を迎えた今では、このタックスヘイブンに誰がお金を逃がしていたのか、「パナマ文書」のように暴露されるようにもなってきました。

これは、自分自身がこの地球という星のこの時代に生まれたことに何らかの意味があるのでしょう。

つまりは、この二極化の変化には誰もが巻き込まれていくことになります。

自分は外資にいるからとか、大企業だから、そして公務員だから、この変化と関係ないとは言えません。これから大困難時代に入ると、結果的に一番ひどい目にあうのは、こうした「自分だけは大丈夫と思っている人」なのです。

そして今、どん底に落ちている人も、ココロのどこかで「自分には関係ない、自分は安全だ」と思っていたのではないでしょうか。

これからどん底をつくり出していく変化は、二つです。

「グローバル化」と「二極化」。この大きな変化には逆らえません。この変化に自分の人生、生き方を合わせていくことです。そのほうが楽です。これまでの生活にこだわることはやめて、自分なりの生き方でやっていく。

これが二一世紀のスタイルです。

四　本物のどん底の先に待っているものとは

ここまで悲観的な未来、日本と世界のどん底を見てきましたが、みなさんが知りたいのはその先がどうなるのかでしょう。

今の時点でどうなるかはわかりませんが、歴史に学べば、「過去にも権力者がすべての富を握り、庶民を弾圧してきた時代がありましたが、そんな時代が長く続いた試しはない」ということです。『奢る平家は久しからず』です。

しかし、そんな時代になるまでには、これから「最終局面」を乗り越えなければなりません。その最終局面とは何でしょうか。

それは、我々が負担増に必死に耐えて守ろうとしている年金制度や健康保険制度の崩壊もその一つですが、最終的には、通貨制度の崩壊が先か、国家システムそのものが財政破綻で崩壊するのが先かということです。

それは、すでに一九九一年末、ソビエト連邦の崩壊という形でテレビなどで目にしている人もいるはずです。この日本でも幕末や戦後に起きたことです。旧体制が行き詰まって新体制が生まれる。歴史で何度となく繰り返されてきたことです。

今のこの時代にそんなことが起きるはずはないと思っている人が大半ではないかと思いますが、起きるか、起きないかではなく、その「まさか」がいつ起きてもおかしくない段階にあることは、ここで強調してお伝えしたいと思います。

そんなはずはないと思い込み、自分で「想定外のどん底」にしてしまわないでください。

こうした大転換では、備えてきた人とそうではない人とでは、決定的に違いが出てきます。

その備えとは、「自分のできることはやっておく」ことです。

災害に備えるのと同じで、「備えあれば憂いなし」。

まずは、近年、通貨危機や国家財政破産をした国、たとえば、ロシアやブラジルの国民がそのときをどう生きたのかに学ぶことです。

通貨危機とはどういうことなのか。

国家システムが停止するとどういうことが起きるのか。

そして、庶民はどうやって混乱期を生き抜いたのか。

これからこの日本や欧米で起きるであろう出来事が、どういうことであるのかを学ぶことです。

その内容を少し説明しておきます。

通貨危機とは、通貨価値の下落を意味しています。ソビエト連邦崩壊以降、通貨ルーブルの価値は下落し続けました。ソ連時代に一ルーブル＝一米ドルだったレートが、一九九八年八月の切り下げ時には二万ルーブルにまで下落していました。つまりは価値が二万分の一に下落したということです。

そして現在、当時のルーブルと同じ状況にあるのが、米ドルです。

今の通貨は、ニクソンショックによって金の裏付けを停止しています。いくらでも紙幣を刷れるようになった反面、いつ価値が下落するかわからない通貨制度です。これまでは石油とリンクすることでその価値を維持してきましたが、サブプライム危機以降、米ＦＲＢは量的緩和としてドル紙幣をジャブジャブに刷って金融危機を抑え込んできました。そのツケがドル危機という形で浮上しています。

中国が主導でアジアインフラ投資銀行（ＡＩＩＢ）を設立しました。ロシア、インドなどのアジア諸国のみならず、イギリスが参加したことでメディアでは大騒ぎになりましたが、狙いは米ドル危機に備えるためです。当初の57カ国から２０１６年内には100カ国まで増える見通しだと言います。このＡＩＩＢには、米国と日本は参加していません。

この日本の円がロシアのルーブルのような状況にまで追い込まれるとは思いませんが、財政破産やドルなどの通貨危機によってこれまでにない変化の波がやってくることだけは間違いありません。

そこで私たちができることと言えば、その変化に生き方を合わせていくことだと思います。どういう状況になっていくのかを意識しながら、自分がその環境でも耐えられるように今から準備をして、生き方を変えるしかありません。

1　昔のままの生活へのこだわりは捨てる。
2　会社とか、自治体、国家に頼らない。
3　頼れるのは、自分と家族、そして仲間、友人しかいないと考えて、自分の付加価値（できること）を高めていく。

ここから始めてください。

財政破産という大困難にあったロシアの人たちは、貧しい者同士、同じ境遇の者同士がコミュニティーを作って、互いに自分ができることをして、助け合ってその一時期の大困難期を乗り切りました。日本人も同じようにして、これからを乗り切るしかないと思っています。日本人ならできると思っています。そのために私が準備してきたのが「昭和30年代村」です。これからどう生きればいいのかについては、私が一つのきっかけを作ります。次の章では、どう生き方を変えればいいのか、私がどん底で行き着いた答えについてお話しします。

国家破産、国のシステムがこわれたら、いったいどうなってしまうのでしょうか。わかりやすく言うと、「今の経済、金融戦争が終わる」ということです。新たな仕組みが始まるまでの間の混乱はあるでしょうが、それは「産みの苦しみ、痛み」です。今の苦しみ、痛みとは違います。

第六章　どん底　ゼロの発見

一　どん底のイメージで出発点は違ってくる

ここまでお話ししてきたように、私は「どん底体験をさせられるということには必ず意味がある」と考えてきました。

どん底がやってくるたびに、嫌な出来事を思い出してただ落ち込むよりも、このどん底では何を学ばせてくれているのだろうかとか、これから自分がやるべき仕事の時間をくれたんだとか、未来に意識を向けていくようにしていました。

しかし、どん底をプラス思考で捉えることはなかなかできませんから、ここでは、自分で勝手にマイナスにしてしまわぬように、どん底をゼロに戻す方法をこれからお話しします。

さて、みなさんは、どん底という言葉にどういうイメージをお持ちでしょうか。

どん底とは、

何もない「無」なのか。

底の先の「マイナス」なのか。

こうお伺いしたのは、この言葉にどんなイメージを持っているかで、再スタートが大きく違ってくるからです。「無」とか、「マイナス」と思っていたら、そのイメージだけで氣持ちが落ち込んでしまいます。

私がとんでもないこれまでのどん底経験から学んだことは、「どん底＝ゼロ」だということです。

無もゼロも変わらないと思われるかもしれませんが、どん底という状態は、「今まで何かをやり続けて積み上げてきたものが崩れてしまった人だから味わっている落差だ」と思います。

私の積み上げてきたものとは、ウィークリーマンションで成功して資産一〇〇〇億円超の大富豪になったことです。これがバブル崩壊で資産が一気に崩れてしまったことで最低最悪のどん底と感じたのです。

「いままであったものを失ったときのゼロである」

こう意識してください。失ったものがあり、落差があるからどん底と感じているだけです。

そして大事なことは、「今までやってきたこのキャリアや才能が消えてなくなったわけではない」ことに氣付くことです。

どん底とは、ゼロ、原点に戻った状態です。ふりだしに戻ったと思って、またゴールを目指して前に進めばいいのです。

また、困難な状況になればなるほど、「人生をもっと楽に生きられたらな」と考えてしまうものですが、私に言わせれば、「楽に生きよう」と発想すること自体が間違っています。

第四章で述べたとおり、「楽に生きる」ことより、屋久島の縄文杉のようにひねくれて「味のある人生を生きる」ことに意味があるのだと考えてみてください。

困難を避けて通るよりも、自分からぶつかっていってみる。そして、困難から救ってくれた人に感謝したり、同じ境遇にある人への思いやりを持ったり、今日を生きていることに感謝したりと、そういう人生のほうが正しい生き方ではないかと思うからです。

人生において良かったときの記憶というものは、不思議と残っていないものです。楽しい思い出というものは写真などで残っているでしょうから、写真を見れば思い出すのでしょうが、記憶としては残っていません。

逆に辛かった、苦しかったときはどうでしょう。恐らく多くの人がそのときのことをはっきりと思い出すことができると思ったのではないでしょうか。それは、毎日、毎日を真剣に生きているからだと思います。自分がやったことや考えたことから誰にこうしてもらったといった記憶まで鮮明に残っています。

料理もちょっとした隠し味でおいしさが変わるものですが、人間も、こうした辛さや苦しさが隠し味になってその人なりの人間味を引き出してくれる。どん底とは、人生を豊かにしてくれるときと言えるのではないでしょうか。

そして、私の考えるいい人生とは、死ぬ瞬間に「ああこれで良かった」と思える人生です。
そのときの楽ばかりを求めて生きるよりも、そのときは覚悟を決めて苦労して、その苦労を後になって楽しいと思える人生のほうが、よほど生きてきて良かったなと思えるはずです。

「人生、楽ありゃ、苦もあるさ」

これが普通、当たり前。
安定志向でどん底から逃げ回るよりも、立ち向かって苦労すれば、その分、人生を豊かにしてくれます。楽だけ求めるのは、人生をつまらなくさせてしまいます。

二　捨てるものと捨ててはいけないものとを間違えるな

最悪のどん底状態とは、どういう状態の人を思い浮かべるでしょうか。

たとえば、ホームレス生活をしている人。

普通のサラリーマン、公務員生活をしている人から見れば、まさに転落人生で、どん底だと考える人が圧倒的多数だと思いますが、ホームレスのなかには借金取りに追われることがないからいい、自由でいいと考える人もいます。

また、ホームレスになったからといって再起不能ではなく、起業して社長になった人もいます。

ニューヨークでは地下鉄のトイレで寝泊まりするなどホームレス生活まで転落した後に証券業で大成功し、証券会社を設立した人がいます。この人の奇跡は、『幸せのちから』（ウィル・スミス主演）として映画化されています。

日本でも、ホームレスから起業して、その会社を上場までさせた人物がいます。Q＆A方式の情報交換サイトを運営するオウケイウェイヴの兼元謙任社長です。

このようにホームレスになること自体がどん底ではありません。ホームレスになった自分の状況をどん底と思うから、どん底になってしまうのだということが、この方々の生き方から見えてきます。

どん底になったとき、さっさと捨てるべきものと絶対捨ててはいけないものとが出てきます。

それは一体なんでしょうか。

真先に捨てるべきものは、プライドです。そして、最後まで捨ててはいけないものも、プライドです。

ただ、このプライドを取り違えるから大変なことになるのです。この二つのプライドとは、何でしょうか。


オウケイウェイヴの兼元社長は、なぜホームレス生活を抜け出すことができたのでしょうか。兼元社長がさっさと捨ててしまったのは、世間体とか、見栄でした。サラリーマン時代にご縁のあった社長に土下座して頼みこんで仕事をもらい、生き延びたのです。

そして最後まで捨てなかったのは、パソコンでした。どんなに食えない日々が続いても、パソコンだけは手放しませんでした。デザイナーとしての誇り、自分がこれで生きてきたという誇りを、パソコンを手放さないことで守り抜いたのです。腹が減ったとき、このパソコンを売ってお金に換えていれば、今の姿はなかったでしょう。

食べられないという土壇場になると、捨てるものを間違ってしまう人が多くいます。捨てるべきもの、捨ててはいけないもの、どちらもプライドですが、捨ててしまうほうを間違うから、どん底以下に落ちてしまうのです。

私の場合、自己破産したことでバブル期に買った自宅を手放さなくてはならなくなってしまいました。苦労して買った自宅を手放すとなると、普通ならショックな出来事のはずですが、私はそうは考えませんでした。自宅を処分することでやり直すことができると考えました。これはショックというよりも、むしろ感謝でした。

借金返済で行き詰まっているのに、今の生活水準を下げられないためにまた借金を重ねていって、結果的にすべてを失ってしまう人がなんと多いことか。さっさと自宅を処分して出直せばいいのに、家族の仲まで悪くなって、最悪の場合、事件まで引き起こしてしまう場合だってあるのです。

どん底になったとき、捨てるものと守るべきものとが出てきます。

これはどちらも「プライド」なのですが、捨てるほうを間違ってしまうから大変なことになってしまいます。

捨てるプライドとは、「世間体」とか、「見栄」です。こだわっていると、次のどん底を呼んできます。

三　自分が感じている不幸と他人から見られている不幸とは違う

もう一度言います。どん底になってさっさと捨て去ってしまったほうがいいのは、世間体とか、見てくれにこだわるプライドです。

それは、たいていの人が世間での不幸を自分の不幸だと勘違いしてしまっているからです。

本当はたいしたことではないのに、世間体ばかりを氣にしていると、その重圧のほうが苦しくなって自分を追い込んでしまいます。たとえば、私は成功者だったとか、アイドルだったとか、大企業でこういう役職に就いていたとか、そんな思いにこだわっていればいるほど、どん底から抜け出せなくなってしまうのです。

大企業で何十人もの部下や下請け会社を自在に使い、仕事をバリバリやって、会社人間になった人ほど、定年後にその会社名や肩書をなくしたとたんに、うつ状態になってしまったり、アルコール依存症になってしまったりするといいます。それでは、定年というサラリーマンなら当たり前にやってくる出来事が人生最悪の出来事、どん底になってしまいます。

なぜどん底になったのかといえば、背伸びして生きてきたからです。

私はバブル最盛期の大富豪と呼ばれたときでも、軽自動車に乗って、贅沢な暮らしはしませんでした。

周りの不動産で成功した人たちを見れば、豪邸に住んで、別荘を持ち、自家用のジェットやヘリまで持っていました。高級車に乗って、日々、贅沢な暮らしをしていました。私はそんな人たちの暮らしぶりを見て、うらやましいとか、自分もそうしたいと思ったことはありませんでした。

栄華を誇った人たちも、バブルが崩壊すると、皆、破滅していきました。逮捕され、刑務所暮らしになった人もいます。その人にとっては、バブル崩壊は悔やんでも悔やみきれない痛恨の出来事になったでしょうが、私はどん底になっても、案外このときは、世間体については平気でいられたのです。

それは、成功者になったときでも、自分の生き方以外の生き方をしてこなかったからです。

つまり、背伸びした生活をしてこなかったからです。

いいときにこうして自分を抑えるのは、難しいことです。これだけやって成功したのだから、超高層マンションに住むのが当たり前とか、高級車に乗るのが当たり前と考えて、それが成功のステイタスのように考えてしまいますが、そこが大きな間違いです。

そのステイタスは、いいときには自分にプラスになるでしょうが、一転して、どん底になったとたん、重石となってくるからです。

どん底のときは、自分がどれだけ背伸びして生きてきたのかを氣付かせてくれる瞬間でもあります。どん底が辛ければ辛いほど、それだけ背伸びして生きてきたことの証しです。

どん底になったことを契機に、そんなプライドなどさっさと捨ててしまって、もっと等身大の自分で生きることにすればいいのです。

もう背伸びして生きるのはやめましょう。等身大の自分で生きることです。

そうさせないようにしているのが、「世間体」とか、「見栄」です。

さっさと捨ててしまったほうが楽しい人生になりますよ。

四　真面目さ、正直さは必要でも、「バカ」がつけば命取りに

今の日本と欧米に住む人たちをどん底にさせている原因はバブル崩壊だと指摘してきましたが、そのバブル崩壊はなぜ起きるのでしょうか。

それは、ウソがバレたからです。バブルとは「泡」のことですから、株価や地価が上がって好景気だと思っていたら、実はそうではなかったということです。

経済も、お金も、信用、信頼があるから成り立っていますが、信用、信頼を失えば、それは詐欺になってしまいます。

インターネットが普及したことで、真実の情報が至るところで流されています。新たなウソ、いかさまが生まれないように、内部告発や情報公開がネットの世界では進んでいますから、これからウソは通用しなくなっていきます。

そして、これから生きていくうえで、「真面目さ」と「正直さ」は絶対不可欠なものとなっていきます。

しかし、考え違いをしてはいけないのが、「真面目」「正直」と「クソ真面目」「バカ正直」はまるで違うということです。

太平洋戦争が終わった直後、都市部では物資不足が襲ってきます。買い出し列車の写真を見たことがあるでしょうか。屋根の上にまで人が乗って、田舎に食べ物を求めて行ったり、闇市で買い求めたりしました。その中で、配給だけで生活して餓死してしまった裁判官がいましたが、それは職業柄なのか、「バカ正直」すぎたのです。

「だました者勝ち」の海外に比べて、「だますよりもだまされるほうがいい」と教えるのは日本人くらいでしょうか。今回のアメリカ発のバブル崩壊によって、人をだました者勝ちといった時代は終わっていくでしょう。代わって、真面目さ、正直さがなければ生きられない時代になっていくのだと思われますが、そこに「バカ」がつけば、今度は時代に取り残されてしまうことになります。

日本、世界の経済、金融がおかしくなったのはなぜでしょうか。
それは、いかさまをやってきたことがばれたからです。
これからは、いかさまやウソは通用しません。正直さ、真面目さが大事になってきますが、「バカ正直」「クソ真面目」になってはいけません。

五　「自分に原因があるから起きた」とわかることから始まる

以前は国や会社がこうやれば幸せになれるという手本を見せくれて、その通りにやっていれば幸せになれました。「人並みに」という言葉があるように、大学に行って高学歴になれば、自ずと就職先も見つかって、定年後は退職金と年金で一生面倒を見てもらえたのです。学校の先生が言うこと、社長、上司が言うこと、そして総理大臣が言うことを聞いてさえいれば、誰にでも幸せはやってきたのですが、今はどうなったでしょうか。

こういった人たちの言うことをあなたは信用していますか。

信用できないのなら、自分で勉強して、自分でその答えを見つけるしかないのだと思います。

「これからの生き方は自分のココロの中にある」

自分なりの生き方とは、誰かが与えてくれるものではありません。どう生きるかは自分が生まれてくるときに持ってきているとも言われますが、どん底とは、自分なりの生き方ができていないからやってきていると捉えることもできます。

いま、どん底状態にあるなら、あなたがいま直面しているどん底はいったい誰が引き起こしたものであるのかを冷静に考えてみてください。

たいていのことは、あなたの考え方、生き方からそのどん底は発生しているはずです。

電車事故や飛行機事故にあうとか、どんな生き方をしていようとも関係なく降りかかってくる災難もありますが、多くの難題は自分がその種を蒔いているはずです。

私も冷静になって自分のどん底を振り返ってみたときに、バブル崩壊で一夜にして大富豪から大貧民へと転落してしまったのは、「バブル崩壊を警告している多数の本が出ていたにも関わらず、それらの情報に耳を傾けることなく、バブル経済に踊っていた」ことでした。


「自分に原因があるから起きた」とは、病気で考えれば理解しやすいと思います。

病気の原因は、毎日の生活です。

たとえば、がん。現代日本人の三人に一人がこのがんで亡くなっていますが、その原因は何か、ご存知でしょうか。それは、がんを漢字で書いてみると、わかります。

「癌」です。がんは漢字で、「品物を山ほど食べると病気になる」と書きます。食べ過ぎ、飲み過ぎが原因だと漢字で書いているのです。つまりは、がんは今までの自分の生活が作り出した病気で、今までの生活をやめることが治療や予防ということになります。

どん底になったら、まずは、原因がどこにあるのかを冷静になって考えることです。そして、自分に原因があるとすれば、自分でどうすればいいのかも見えてくるはずです。

どん底が伝えていること。それは、これまでの生き方、考え方が間違っているよというメッセージです。素直にそう受け取って、生き方を変えることです。

では、どうすれば生き方は変えられるのでしょうか。

その答えを持っているのは自分です。本当はどう生きたいのかを自分自身に聞くことです。

過去を振り返ってみることで新たな自分に氣付けます。その方法はこの章の終わり、「コラム」で述べていますので、ぜひやってみてください。

六　「チビ」「デブ」「ハゲ」がなぜモテるのか

どん底では、さっさと捨ててしまうべきは、世間体とか見栄ですが、逆にずっと持ち続けるべきは、コンプレックスやそのときの恨み、怒りです。

コンプレックスと聞くと、「コンプレックスを感じているからどん底になるんだ」と思っている人が大半ではないかと思いますが、コンプレックスを持っているからやる氣や元氣が出てくるのです。

コンプレックスや恨みを持たない人など、この世には存在しません。

要は、このコンプレックス、恨みをどう使うかが大事です。

キリスト教には、「右の頬をたたかれたら、左の頬も差し出しなさい」との教えがありますが、差し出したらそのときの恨みをずっと覚えておくべきです。日本人は「恨みごとは水に流す」ことを美徳にしていますが、恨みや怒りはずっとためておくべきです。そして中途半端に発散させるのではなく、ためて、ためて大きなエネルギーにして一気に爆発させるのです。

どん底からはい上がろうとするなら、これほど大きな追い風になるものはありません。

皆が振り向くようないい女性を連れて歩いている男がいます。その男が「チビ」「デブ」「ハゲ」なら、「なぜこんな男に」とうらやましく思うことでしょう。

「チビ」「デブ」「ハゲ」は男性の三大コンプレックスと言ってもいいと思いますが、普通なら、「モテない男」の代名詞である彼らがなぜ美女を連れて歩けるのでしょうか。

その理由もコンプレックスにあります。

「チビ」「デブ」「ハゲ」がモテないことは本人が百も承知だと思いますが、そのコンプレックスを吹き飛ばしてしまおうと、人の数倍、数十倍の努力をしているからです。「お金持ちになれば、女性にモテる」と考えてがんばる男性もいますが、素晴らしい女性が男性に魅かれるのは、お金のちからではありません。むしろ、生き方に魅かれるからです。

「チビ」「デブ」「ハゲ」は、コンプレックスをバネにして、自分磨きに励みます。しゃべり方を工夫し、相手のことを親身になって思いやろうとする。そんな氣持ちに女性はココロが動かされるのです。

モテない、モテないと言っている男に限って、出会おうという努力をしていないばかりか、容姿や性格、境遇などをやたらと言い訳にします。

そんな言い訳を考えて、わざわざコンプレックスをマイナス要因にしているのです。そんな男性に女性が近寄ってくるはずはありません。

「チビ」「デブ」「ハゲ」は、コンプレックスを逆手に捉えて、自分の魅力を作り出す努力をし続けているから、女性が魅了されるのです。

どん底でずっと持ち続けるものは、コンプレックスです。コンプレックスはマイナス要因ではありません。コンプレックスを前向きに使っていくから、「モテない男の代名詞」であるはずの「チビ」「デブ」「ハゲ」はモテるのです。

七「アラジンの不思議なランプ」が働くから大丈夫

どん底がやってきたとき、たいていの人は意欲を失ってしまって、次の行動ができなくなってしまいます。

「どうでもいいや」と自暴自棄になったり、あるいは、「こんなときは休んだほうがいい」と自分に甘くなったりしてしまいがちですが、辛いとき、大変なときこそ、立ち止まってはいけません。立ち止まるから辛さが余計に感じられるようになるからです。

立ち止まらなければ、苦しいけれども、辛さは紛れます。これは、登山やマラソンと同じです。

富士山登山が人気になって海外からも多くの人がやってきていますが、頂上まで登れる人は最初から大股で飛ばさず、自分なりのペース配分で登っていきます。途中で休憩も取りますが、このとき、大事なのが休み過ぎないことだと言われます。「身体が冷えてしまうほど休んでしまうと、今度は動けなくなってしまいますよ」とガイドさんから言われることもありますが、休み過ぎるとそれまでの疲労が一気に出てきて動けなくなるからです。結果的に、そこであきらめざるを得なくなってしまいます。そのときは休憩をほどほどに切り上げて、苦しいけれども登り続けるのです。その苦しさに耐えて乗り切った人だけが、頂上での感動を味わえます。

私は、生命のどん底までも経験させられたことから感じたのは、「人間は、肉体的にも、精神的にも自分が思っているよりはるかに高い能力を持って生まれてきている」ということです。

この能力は、すべての人が持っています。私はこれを自分の経験から「アラジンの不思議なランプ」と呼んでいます。アラジンのランプといえば、擦れば大魔王が出てきて何でも望みをかなえてくれるというものですが、このランプを誰もが持っているのです。

多くの人は持っていることにすら氣付いていません。氣付かずに一生を終えます。

そのアラジンのランプとは、「潜在意識」のことです。

潜在意識は、「火事場の馬鹿力」と言われる能力のことです。催眠術にかけられた人が〝板〟のようになって、おなかの上に何人もの大人を乗せたりするシーンを見たことがあると思いますが、こうした能力は人間が本来持っているものです。

その能力を抑え込んでいるのが「顕在意識」で、このランプをコントロールして本来の能力を発揮できないようにしているのです。いわば、ブレーキの役目をしているのが、顕在意識・脳です。

なぜマラソンランナーがあんなに長距離を走れるのでしょうか。

「長距離を走っていると、苦しくなって、『ここでやめようか、どうしようか』と迷うときが必ず来る。そこを踏ん張って走っていると、脳内物質エンドルフィンが分泌されて、今度は〃ランナーズハイ〃と呼ばれる状態になってどんどん走れるようになる」と言われますが、こんなことができる一番の理由は、「あきらめない」、「立ち止まらない」からです。

あきらめない意識が潜在意識に働きかけて、人間本来の能力をどんどん引き出してくるからです。

「ダメだ」と思い込んで立ち止まってしまえば、それまでの辛さが全部のしかかってきてしまい、走れなくなってしまいます。

人生というマラソンでも同じです。

立ち止まってしまえば、そこでおしまいなのです。

どん底のときこそ、人間が本来持って生まれた能力に氣付けるときです。その能力とは、「アラジンの不思議なランプ」です。そのランプを使えば、奇跡も起こせます。「もうダメだ」という思いが、そのランプを使えなくしてしまいます。

八　どん底のときこそ、しつこくなれ

「人の一生は、重き荷を背負うて遠き路を行くが如し、必ずいそぐべからず。不自由を常と思えば不足なし」

この徳川家康の『人生訓』にもあるように、人生はよくマラソンにたとえられます。マラソンは苦しい時期を一度乗り切ってランナーズハイの状態になれば、最後まで走り切ることができますが、人生においては、どん底の苦しい状態を抜けたその先に「楽」が待っているとは限りません。

よく「ピンチはチャンスだ」と言われます。どうすれば、チャンスがやってくるのかといえ

ば、苦しくて踏ん張って、「もうダメだ」と思っても踏ん張って、踏ん張りぬいたその先の先にチャンスがやってくるのだと言われます。その先の先です。

中村天風先生は、こう話しています。

「崖から落ちて、運よく木に引っ掛かりぶら下がった。ようやく助かったと思ったら、上からは毒蛇が来て、下には虎が待っている。腕がしびれてきた。さて、どうするか」

いわば、絶体絶命の危機ですが、天風先生は、「力尽きるまでそのままでいろ」と言っています。

「木にしがみついていれば、上の毒蛇、下の虎のどちらかがあきらめていなくなるかもしれない。そのときまで我慢しろ。それでだめなら、それは天命。しかし、その先にしかチャンスはない」と言っているのです。

もっとわかりやすい話をしましょう。

なぜエジソンは発明王としてその名を残せたのでしょうか。それは、しつこかったからです。

エジソンの発明秘話で語られるのが、電球のフィラメントの材料探しの話です。

すでに一六〇〇種類を試して仲間の研究者から「もうダメだ。やめよう」と言われたとき、エジソンは、「何を言っているんだ。我々はすでに一六〇〇種類も試した。残りはわずかだ」と言って研究を続けました。

実際には八〇〇〇種類以上の実験を繰り返して、ようやく、タングステンにたどり着くのですが、それがたとえ、八万種類であったとしても、エジソンは研究を止めなかったでしょう。成功者になる人というのは、それだけしつこいのです。

なぜあきらめずに続けられるかというと、失敗やどん底をマイナスとは考えていないからです。

松下幸之助氏も「私は失敗したことはありまへん。ただ、うまくいかなかったことは仰山あります」と言ったのは有名な話ですが、成功者になる人は、自分が成功することしか考えていないからです。

日本人はとかく失敗すると、「これで終わりだ」と自分で勝手にレッテルを張ってしまいますが、アメリカでは逆です。失敗することが経験となって、人に注目されるようになるのです。

私はバブル崩壊という自分ではどうしようもできない出来事で大富豪から転落してしまいました。周りの人たちは「氣の毒に」と同情したり、中には「失敗者」として見たりする人もいましたが、私自身はそれでも踏ん張って、自分が持っている、不動産の管理・運用の能力を信じて今までやってきました。

第一章、二章でお話ししたように、会社も自宅も、すべてを清算するというどん底をこの六年間で経験させられることになったのですが、これで私の不動産の管理・運用の能力がなくなってしまったわけではありません。これまでにやったことの実績や評価、技術やノウハウがどん底で消え去ってしまったわけではありません。

そして、このどん底が永久に続くわけはありません。

どん底から抜け出せば、私はこれまで以上に仕事ができるようになります。これまでお世話になった方々にもこれで御恩返しができるようになります。

そう思えるから、どんなに苦しくても踏ん張ることができるのです。

そして、「踏ん張りぬいたその先に、チャンスが待っているのだ」と思います。

「ピンチはチャンスだ」と、なぜ言われるのでしょうか。

そう言う人は、どんなどん底でもチャンスが来るまであきらめないからです。

最後まであきらめずに行動するから、どん底でもチャンスに変えていくことができるのです。

九　どん底とは、人生の修行そのものである

「類は友を呼ぶ」ということわざがあります。

警察庁の調査で、振り込め詐欺に関わる人たちの七割が「知人からの誘いで加担」していることがわかりました。この振り込め詐欺で逮捕される人たちは、二十歳代、三十歳代が八十％を占めていますが、本来なら人生における一番大事な時期に人生を棒に振るような犯罪に誘われて引きずりこまれているのです。

人生に嫌気がさしたとか、仕事がないからとか、もうどうにでもなれという氣持ちに付け入られて、こうした犯罪組織に加担してしまうのかもしれません。

「なぜあんなやつらとつきあったのか」と後悔しても、そのときはつきあう相手を選べません。「運命の分かれ道」と言われたりしますが、そのときにわかるはずもありません。後になって振り返るから、「あのときにこうしておけばよかった」と氣付くのです。

そして、後悔しても今の状況が変わるわけではありません。

そこでダメになっていってしまう人は、後悔ばかりして、自分の周りの人たちまで責めて、騒ぎ立て、余計に二次災害、三次災害を引き起こして、自滅するのです。

立ち直れる人は、「これは起きてしまったこと」と冷静に受け止めて、それ以上のマイナスが起きることを止めることができる人です。

だましたり、だまされたり、ひどい目にあうといったどん底は、その人なりの修行だから起きているのです。それは「そのどん底から何を学ぶか」という修行です。

一〇　キャバクラ嬢はどん底脱出の良き教師

どん底になって自分で自分の墓穴を掘って行き詰まってしまうような人には、「キャバクラ嬢に学びに行け」と言いたい。

自分とキャバクラ嬢をなぜ比べるんだと怒っている人もいるかもしれませんが、私から言わせれば、キャバクラ嬢を自分よりも一段下に見てしまうほうが間違っているのです。

とにかく、乱世になれば、自分をしっかり知らなければ生きてはいけません。

そういう意味では、彼女たちは、自分を売り込んでいくことの達人です。自分の容姿やキャラクターを駆使して自分を売り込み、お客様にお店に来ていただくよう、必死でメールをして、指名してもらえるようにと試行錯誤します。

そんな姿は、いわば、個人事業主と同じです。

キャバクラですから、普段は学生だったり、会社員だったりするわけで、ほとんどが素人です。そんな彼女たちが自分の親ほどの年が離れたオヤジたち相手に丁々発止のやり取りをして稼いでいるのですから、立派な経営者と言えます。

彼女たちは、お店を持ちたいとか、会社を作りたいとか、留学したいといった夢を持っています。その夢の実現を今のこの仕事を通じて学んで、体験して、将来につなげていくことを懸命にやっているのです。中途半端なサラリーマン生活を送っている人よりも、よほど彼女たちから聞く話のほうがためになるし、面白い。

どん底になれば、金銭的に厳しくなって、とてもキャバクラに行けるような状態ではなくなっているでしょうが、直接行けなくても、彼女たちが書いた本を読んで、少しでも彼女たちの貪欲さに学ぶべきです。

キャバクラ嬢は、自分を売り込むことの達人です。そして、自分の人生の目標、夢をはっきりと持って行動しています。そんな彼女たちをバカにしているようだから、どん底になってしまったのです。

【ワーク】思いついた「自分なりの生き方」「どん底をゼロに戻す方法」を書いてみましょう。

【コラム】どん底　脱出法　―「自分を科学する」

どん底と感じる出来事に出会って、そこでチャンスをつかめる人とそうでない人の違いがどこにあると思われますか。

どん底で潰れていく人には、共通していることがあります。それは、中村天風先生が言われている、やってはいけない三つのことばかりを考えていることです。

過去の「後悔」、現在の「悩み」、将来の「不安」の三つです。

そうは言っても、どん底ではむしろこの三つばかりが頭の中をぐるぐると回ってしまいます。そのため夜眠れないという状態になってしまっているのではないでしょうか。これでは自分で自分をダメにしてしまいます。それは一番やってはいけないことです。「自信」をどんどん失ってしまうからです。

どん底でもチャンスをきちんとつかんでいく人というのは、「どん底の状態でも自分には何ができるのかをきちんと考えて行動できる人」です。

その違いは、自暴自棄や無気力にならずに、理性的に物事を考えて行動できるかどうかです。

しかし、日本人はこれが一番苦手です。

どん底で考えてはいけないことを考えてしまう。

そこで、考えるべきことを考えるようにするにはどうすればいいのでしょうか。

その一つの答えが、「自分を科学する」ことです。

なぜ失敗したり、リストラされたり、倒産したりでどん底と感じてしまうのかといえば、自分のやるべきことがなくなってしまったからです。

サラリーマンなら会社に行って仕事をするのが普通でした。今ではこの大不況で給与が減ったために二足のわらじを履いている人もいるでしょうが、たいていの人は今勤めている会社の仕事を自分の役割だと思ってがんばってきたことでしょう。それがある日突然なくなってしまえばどん底になってしまいます。それは定年でも起きます。燃え尽き症候群がそうでしょう。

やることがなくなったことでのどん底なら、そのやることを自分で作ればいいのです。

自分で自分がやりたいことを見つけ出す、その方法を「自分科学」と呼んでいます。


自分を科学するとは、日頃から自分の行為、行動を記録に留めていくことから始まります。

それは「今日はどうだった」というような日記ではなく、「何時に何をした」といったスケジュールでもなく、一日の時間をどう自分が活かしてきたのかの行動記録です。特に最近氣付いて重要だと感じているのは、「そのときに何を考えたか、何を感じたか」を残しておくことです。

今はＦａｃｅｂｏｏｋ、Ｇｏｏｇｌｅ＋といったネット上でのソーシャル・ネットワーキング・サービスがありますから、自分の行為行動を記録して残すことに抵抗感はなくなってきていると思いますが、「昼ご飯に何を食べた」ではなく、「今日の出来事について何を感じたか、思ったか」を残していくことが大事です。

自分の記録というのは、振り返れば、自分の関心、興味がどういうところにあるのかを知る羅針盤の役目をしてくれます。今まで知らなかった自分が見えてきたりもします。

そして、私自身、自分の記録を克明に残してきて驚いたことは、「人間の脳は人生で起きた出来事をすべて記憶として蓄積していることがわかった」という点です。

私が記録を残すようになったそもそもの動機は、人の名前やスケジュールが覚えられなかったからです。予定をすっぽかしてしまったり、相手を間違えて失礼したりと、こんな経験から始めたことです。自分で作ったどん底をなんとかするための方法としてやり始めたことでした。今はスマホで「自分撮り」を多くの方がやっていますが、二十年前にビデオをいつも手元から離さずに自分の行動記録を撮り続けてきたのは私ぐらいでしょう。それだけでイグノーブル賞の候補になれるかもしれません。

それから二十数年経つといろいろなことがわかってきました。そしてたどり着いた答えが、この自分科学と量子論でした。

また、「これから」を予想するときに、みなさんはどうしているでしょうか。

たとえば、来年の経済はどうなっているかとか、世界はどう動くかとか、そんな難しいことでなくても、投資でも、競馬、パチンコでもなんでもいいのですが、予測、予想をするときに参考にするのは過去の記録ではないでしょうか。

それは、人生でも同じことです。「これからどうすればいいのか」と迷ったとき、過去を振り返ることで、その答えは出てきます。

会社の売上げ予測から、投資、ギャンブルと、過去のデータと真剣に向き合って予測をするのに、なぜ自分の人生となるとやらないのか。これは不思議でなりません。


私は、こうして考えたことが「川又流情報整理術」といった形で本になったり、雑誌の取材を受けたり、講演をしたりと、自分の新たな役割が持てることになりました。

そして、私がこれまでに考え出してきた新たなビジネスも、こうして書き留めておいた記録を見返すことから生まれてきています。つまりは、私がこれまでにビジネスとして具現化してきたものは、すべて私の頭の中に浮かんだ思いから出てきたものだからです。

自分の行動を振り返れば、これから自分が何をすべきかのヒントが見つかる。そう考えて、毎日、経済情報と自分の行為行動の記録を取り続けてきました。自分の生き方を見つけようとすれば、それは自分に問うしかありません。

思い立ったら吉日。さっそく今から始めることです。毎日行動記録を取って見返すだけでも、その分、暇ではなくなります。それだけでも効果があるというものです。

自分科学のポイントを簡単にご説明します。

①細かく情報は残すこと

丸一日経てば、今日何があったのかを思い出すのは大変です。思い出すのは三、四時間が限界です。携帯電話、スマホを使えば、こまかく自分の記録がとれるでしょう。最近は自分の記録が残せるアプリや自分史作成といったサイトがあるので、これらを活用するのもいいかもしれません。

②直感的に感じたものを残すこと

時間や出来事だけを記録するのに加えて、自分がやったことに対して、「これは不自然だ」とか、「こんなことをすればいい」と思いついたこと、アイデアなどをどんどん書き込んでいきます。これが後から見返したときに大きな財産になってきます。

③長く続けるために型にはめないこと

システム手帳なりを買ってきて、形から入らないと氣がすまない人がいますが、こういうものを使うと、型にはまってしまって、本当に大事な情報が見えてきません。大学ノートやスクラップブックなどを「なんでも帳」にして書きこんでいくことです。

④手間暇をかけてはいけない

最初からあれこれと考えないで、できることから始めていくことです。続けている間に、価値とかやっている意味とかがわかってくると、やめられなくなっていきます。情報整理を始める最大のコツは、手間暇をかけてはいけないということです。

⑤見返すことが最重要

新聞の経済情報でも、情報は見返すことで、価値のある、役立つ情報へと変えることができます。それは自分の情報でも同じことが言えます。自分の情報を見返すことで、客観的に自分がどう生きたいのか、何がしたいのかが見えるようになるのです。

⑥人生における決算書という考え方

自分の何が資産なのか、何が負債なのか、そして何が利益なのかと置き換えて自分の人生を振り返ったときに、自分の存在意義とか、人生の意味とか、自分にとって足りないものがはっきりと見えてきます。そこで大事な点は、負債もまた資産であるということです。

特に人生における負債というのは、マイナス体験のことですから、最も重要なものです。決算において負債が多ければ多いほど、その分、資産が増えていることになるのです。

⑦情報整理は自己満足でいい

人に披露するためとか、人のためにやることではなく、自分のため、自分の将来のことを考えるためにやることです。こんなことをやって意味があるのかと考えてやらないよりも、一か月でも続けてきた自分に満足するとか、新たな自分を発見することができたと満足するとか、自分で自分に満足が得られれば、それだけで十分な収穫だと思います。

自分の考え方、生き方から、問題は起きてきます。

しかし、大抵の人はそのことに氣付かぬまま、不満や怒りを他にぶつけてしまいます。それは、自分のことが一番わかっていないからです。

自分がなぜこんな目にあわなければならなかったのか、失敗、挫折にはどういう意味があったのだろうかと考えて、それが、「すべては自分のために起きているのだ」と理解できれば、人生の再スタートはそこから始められるはずです。

※【自分科学】人生再生ノートは、大学ノートなどを使って始めてください。

※会津村塾では、自分科学としての自分史を簡単に創れるネットサイトとして、「年表創造コミュニティー Ｈｉｓｔｙ（ヒスティ）」（スマイルメディア運営）を推薦しています。登録は無料で、自分の日々の行動を記録できます。ぜひ登録して、どん底を脱出するための自分史を作成するツールとしてご利用ください。

http://histy.jp/

第七章

どん底を生きる

一　人生とは、「クモの糸」である

成功と挫折は表裏一体、最後まで信じ切れるかどうか

『コブラ　ＣＯＢＲＡ』（寺沢武一原作・左腕にサイコガンを持つ一匹狼の宇宙海賊）というＳＦアニメがあります。

その何話かに、「幻の山登り」という話が出てきます。「雪の中に幻の山が出てきて、そこに金塊を積んだ飛行機が墜落、その金塊を探しに行く」というストーリーです。何人かがその金塊を求めて山に入るが、見つかりません。なぜ幻の山なのかといえば、存在を信じる者だけに見える山だからです。そして信じられる者だけが山に登っていきます。

ところが、「こんな山に金塊があるのか」などと途中で疑った者は、突然その山が消えて転落します。最後まで登りきったのは、コブラともう一人だけでした。コブラは主人公ですが、なぜもう一人が登りきれたかというと、その山に金塊を隠した張本人だったからです。自分が隠したのですから疑うはずはありません。

この幻の山登りを人生に置き換えてみたらどうでしょう。

「人生とはクモの糸である」とは、私がとんでもないどん底経験から感じとったことですが、このストーリーが象徴しています。

これまでお話ししてきたように、私の人生はジェットコースターのように、浮き沈みの激しい人生でしたが、チャンスをくれたのはいつもどん底のときでした。ウィークリーマンションも、あのマルコー、杉山の台頭がなければなかったでしょうし、バブル崩壊がなければ私の人生はここまで変わってはいなかったでしょう。このどん底の本もこの世に生まれ出ることはありませんでした。

私は、これまでのどん底体験から、「成功と挫折は表裏一体である」ことに氣付きました。どちらを現実化させるのか、それを決めるのが自分の意思です。

その意味で、芥川龍之介が小説『蜘蛛の糸』で書いたごとく、人はこのクモの糸にぶら下がって上へ上へと登り続けている「カンダタ」のようなものです。しかし、目の前にぶら下がっているこのクモの糸に氣付かない人もいます。クモの糸にぶら下がっていても、疑えば、クモの糸は切れてしまいます。これは『コブラ』の幻の山と同じです。最後まで信じ切れた者だけが、人生を成功へと導けるのです。

では、いったい何を信じればいいのでしょうか。

それは、「自分」です。

あなたの人生においての主人公は、「あなた自身」だからです。

自分の人生を良くするも悪くするも、全部自分の思いでそうなっているはずです。どん底は、この一番大事なことを氣付かせてくれます。

自分を信じ切れるかどうかです。疑うことが幻の山やクモの糸を切ってしまうことになります。

荒修行も、自分を試すためにやっていることです。

病氣は氣からと言われます。末期がんで医師に見放されても、氣功などで治る人がいます。それは人間が本来持っている治癒力に氣付くから治るのです。病氣というくらいですから、治るも治らないのも、氣持ち次第。病氣も怪我も忘れていたら自然と治っていたという経験は誰にもあると思います。それは生き物に備わった治癒力が治しているのであって、医療は手助けしているだけです。

治しているのが潜在意識で、がんでもう駄目だと思うのは顕在意識・脳です。

失敗であれ、挫折であれ、病氣であれ、自分を信じれば、不可能は可能になる。こうしたどん底はひっくり返してしまえるのです。

これが私の言う、「人生はクモの糸である」という意味です。

こんな話をすると、信じない人が言う言葉は決まっています。

「それは川又さんだからできたんだ」

「あの人はもとが違う」

できないことの言い訳のように聞こえますが、私が特別というわけではないでしょう。

そして、もう一言言っておきたいことがあります。

クモの糸が切れればその先どうなると思われますか。

芥川の小説では「地獄に真っ逆さま」というイメージが浮かぶでしょう。

それが、大きな間違いです。

本当は地獄なんてありません。自分が地獄を作っているのです。

たとえば、借金地獄と言われます。サラ金から借りてサラ金に返す、この自転車操業をしているといると雪だるまのように借金が膨らんでいきますが、こんな生活を「借金地獄」と言ったりします。これはマスコミが名付けただけです。

一般に三〇〇万円を超えると返済が苦しくなると言われますが、その人たちと私の借金を比べれば、ケタがいくつも違います。傍からみれば、私の状態はとんでもない「借金地獄」に見えたかもしれませんが、私自身は、「借金もまた財産」と思っていましたし、興銀、長銀、日債銀といった大銀行が有限会社に融資した唯一の存在であることをむしろ誇りにしていたのですから、借金地獄なんて思われるほうがとんでもない話だったのです。

もう一度、言います。地獄なんてありません。地獄を作るのは、あなたです。あなたの脳です。

この「クモの糸」は見えない

このクモの糸は、誰にでも見えるものではありません。

目の前にクモの糸があるにも関わらず、氣付かない人もいます。

氣付く人と氣付かない人、その差はいったいどこにあるのでしょうか。

今の世の中では知識のほうがまだ優先されています。大学受験、資格試験など、問われているのは記憶力です。他人よりも多くのことを覚えている人が頭がいいと言われ、エリートとなって、大企業に勤めたり、霞が関で官僚になったりします。

しかし、こういう人たちに限って、想定外の出来事が起きると、どうしていいのかわからずにただ右往左往するだけになってしまいます。想定外のことは知識ではわからないからです。前例がないことはわからないから思考が停止してしまうのです。

今回の東日本大震災や原発事故でも、政府、役人は「想定外の出来事である」として逃げましたが、もっといい例を紹介しましょう。

幕末、幕府の正使護衛のために咸臨丸がアメリカに派遣されます。そのときに乗り込んでいたのが、勝海舟です。

あるとき、船が嵐に遭遇します。武士といえば、当時のエリート、支配階級です。その人たちが嵐の中でどう行動したでしょうか。

武士らしく、嵐に立ち向かった?

実は、何もできなかったのです。

航海中、勝海舟は自室にこもったままで外には出て来なかったとも言われています。原因は船酔いです。当時の人には航海の経験がないから当たり前ですが、そのときはアメリカ人の船員たちがいて難を逃れられています。

船乗りがいたから、咸臨丸は無事にアメリカにたどり着くことができたのです。帰りは、行きの経験を活かして日本人だけで操船して帰ってきています。行きのどん底体験があったからこそできたことではないでしょうか。

私の言うクモの糸とは、別の言い方をすれば、第三章でお話しした「漠たる予感」です。「いまはうまくいかなくても、次はなんとかなるさ」と、どん底の中で何の根拠もなく、そう思っていました。建設工事の資金を持ち逃げされても、マルコー、杉山に追い詰められても、バブル崩壊で大借金を抱えるようになっても、そして、伊東での町おこし、村づくりがいきなりとん挫しても、「なんとなるさ」と思え、その通りになんとかなってきています。伊東での契約が切れるわずか二日前に、この会津での話が飛び込んでくる。こんなことがあるでしょうか。これが、つまりはクモの糸です。

こんなことばかりが続いて起きると、「漠たる予感」だったものがいつしか確信、信念といったものになりました。普通なら運がよかった、偶然にそうなった、奇跡だと考えてしまうのでしょうが、私にはそうなるべくしてそうなった、「必然」と思えるのです。

次に、奇跡は自分で起こせるという話をしましょう。

二　「奇跡」はどん底の先のそのまた先に必ずある

私の人生はジェットコースター人生と言いましたが、第一章、二章でお話ししましたように、とんでもないどん底の先には必ずチャンスが待っていました。

どん底でなぜ自分がこんな目にあわなければならなかったのか。その後、なぜ救われるのか。その答えを求めて、人生論や心理学、科学などの本も三〇〇〇冊近くは読みました。自分が極限まで追い詰められれば、その救いを宗教に求めるのでしょうが、私は中学、高校とキリスト教系の学校だったため、反対に宗教は信じませんでした。その代わりの答えを探して、ようやくたどり着いたのが、量子力学という物理学です。

物理学である量子論と人生論がなぜ結びつくのでしょうか。

簡単に言えば、量子論物理学者が電子顕微鏡や加速器などの最新技術をつかって極小の世界を探求してたどり着いたのが、「観測者の意思が物質の状態を決めている」ということでした。もっとわかりやすく言うと、「自分の思いがこの現実を作り出している」ということです。成功法則として聞いたことがあると思いますが、同じことを量子論物理学者が言っているのです。

ようやく私が追い求めていた答えが見つかりました。

確かに、考えてみれば、この世界は自分の思いが作っているのです。毎日通勤電車に乗って会社に行く。当たり前に思っていますね。でも、家を出て電車に乗るのも、会社に行くのも、決めているのはあなたです。嫌なら行かないでしょう。それもあなたの意思が決めていることです。

量子論物理学者が言う、「思いが現実を作り出す」ということ自体が、宇宙の法則、自然の法則ではないかと私には思えたのです。

自分がどういう世界を作りたいのかが、信念であり、ビジョンということになります。これが強ければ強いほど、現実化する可能性が高くなります。そのビジョンがあれば、目的地に迷わずにたどり着くことができます。いわば、「カーナビ」のようなものです。カーナビは目的地をセットしないと動きません。人生も同じです。まずは自分の人生の目的地を定めましょう（詳しくは、『奇跡と呼ばれる現象の仕組みがわかった』（会津村塾文庫、スマイルメディア刊、キンドル電子本）をご参照ください）。

これまでのどん底が教えてくれたこと、それは、「奇跡はどん底の先のそのまた先に必ずある」ということです。強調してもう一度言いますが、「必ずある」のです。

信じられない人にはこれからのどん底経験から学んでくださいとしか言いようがありません

が、信じられる人は自分でもそういう経験が少しはあると感じておられるからだと思います。あなた自身も信じることが力・ＰＯＷＥＲになって、自分の前にぶら下がっているクモの糸に氣付けるはずです。

三　これだけやっているのに芽が出ないときほど、一番成長している

成功した人に共通していることがあります。それは何でしょうか。

これは歴史の英傑に例をとれば見えてきますが、「必ず最初に挫折している」ことです。

中国に「明」という国を建てた朱元璋（しゅげんしょう）という人物がいます。チンギス＝ハーンの建てた「元」の末期、朱元璋は貧農の家の八人兄弟の末っ子として生まれます。当時は政治混乱に加え、飢饉、凶作が頻発、家族は食べるものがなく飢え死にしていきますが、朱元璋だけは托鉢僧となって生き伸びます。そして貧民の味方を掲げて自分の勢力

を増やし、元を打ち破って「明」を建て、洪武帝となります。

この朱元璋、食うや食わずの生活が続き、生きるか死ぬかの瀬戸際に立たされることがなければ決起することなどなかったのです。


そしてビジネスの世界でも挫折経験からスタートした人はたくさんいます。たとえば、豊田佐吉。後に自動織機を発明して、その名が知れ渡ることになります。長男・章一郎が始めたのが自動車部門で、現在のトヨタ自動車になりますが、その佐吉が上京して最初に就職の門を叩いたのは、東京芝浦電気でした。東芝は江戸末期、からくり儀衛門と呼ばれた田中久重が作った会社ですが、佐吉は門番に追い返されています。そして帰って、名古屋で自分の会社を作るのです。東芝にすんなりと入社していたら、発明王としての豊田佐吉は存在し得なかったのです。


現在でも、就職できなかったから起業した。今の若者ベンチャーで成功している人たちはたいていがこういう経験を持っています。

こういう人たちにとってのどん底とは、いわば、「人生のバネ」というようなものです。自分がやりたいことを実現させるためのエネルギーを充電しているようなものです。

「高く飛び上がるには、低く屈まねばならない」

みなさん当たり前のように身体では行動しています。人生ではどうですか。最初からいきなりどん底というとんでもない目にあうのは、実はラッキーなことなのです。そうは思えない人はあきらめてダメになっていくのです。

なぜどん底で自分をダメにしてしまうのでしょうか。

それは、どん底はなかなか成果が出てくるときではないからです。いわば、一番急な上り坂に差し掛かっているのが、「どん底」です。人によってはそれが坂道ではなく、大きな壁のようなものであるかもしれません。これまで通りの平地を走っているわけではない。このことに氣付かないからです。

「これだけやっているのになぜ芽（成果）が出てこないのだろうか」

たいていの人がここで「なぜだ」「なぜだ」と悩んでいることでしょう。「自分はできないのではないか」と自己嫌悪に陥ってしまいがちになるときですが、後から振り返ってみると、このときほど自分が一番伸びているのです。

坂道を登っているのですから、歩みは遅くて当然。その分、推進力や突破力がついています。人生も山登りと同じですから、このどん底でいかに踏ん張っているかで、人生はがらりと変えることができるのです。

「グリット」という言葉を聞いたことがあるでしょうか。

これは、成功者が持つ共通点として、最近特に注目されてきている言葉です。ヒトの能力を測るのに、これまでは「ＩＱ（知能指数）」や「ＥＱ（心の知能指数）」がありましたが、この「グリット」とは、あきらめない能力、最後まで持続力を持ち続けて物事を最後までやり遂げる能力のことで、第三の能力として注目され始めています。

つまり、どん底からはい上がれる人は、この「グリット」が高い人といえます。

「成功者とは絶対にあきらめないから成功者と呼ばれる」と先に述べましたが、この「グリット」の大切さは日本ではかなり以前から説かれていたのではないでしょうか。それが、「ウサギとカメ」の話です。

自分のゴールに向かって毎日、毎日やれることを続ける。それは一週間や一か月ではなく、何年もかかることもあります。続けていても進歩が感じられないこともあります。それでも前に向かって歩んでいくことで、必ずゴールはやってきます。

どん底とは、まさにあなたの第三の能力「グリット」が試されているときなのです。

そして、結果（成果）というものは、「ある日突然やってきます」。

いわば、頂上が見えない山登りをさせられているときがどん底ということです。

必ず頂上はあります。決してあきらめない人だけがたどり着けるのです。

四　「その次」はどん底を通じて自然とでき上がっていく

最後に一つ、私がこれまでのとんでもない「どん底」経験を通じて感じとったことを述べておきたいと思います。

「どん底」に落ちると、九九％といっていいほどの人が自分で自分を追い詰めてしまって、どん底を「底なし沼」にしてしまいます。

しかし、どん底というときは、「自分という人間を磨く最良のとき」なのです。

いわば、その人が持っている「人間力」が一番身につくときなのです。

ゆえに、このどん底のときは、自分の殻に閉じこもってしまうことが一番よくないことです。

今までの自分から脱皮する。そのいい機会をいただいたと感じて、殻に閉じこもってしまうのではなく、外に飛び出していく勇氣を持ってください。

その行動は必ず実を結びます。種を蒔くことなくして、植物が育つことはありません。こんなこと常識じゃないかと思っていても、自分の人生となるとどうでしょう。「人生」という畑にいっぱいの種を蒔くときが、このどん底というときです。暇にしてくれているのは、「種蒔きする時間を天がくれている」からです。そう素直に思って行動すれば、必ず芽が出ます。そのときまで決してあきらめないことです。

自分がやることがなくなったから「どん底」になったと感じている人もいると思いますが、それはまた自分でつくればいいのです。今まで自分のやっていたことが何らかの外的要因でできなくなったからどん底と感じているだけで、今度は自分でやりさえすればいいだけのことです。一度やれたことはまたやれます。自転車に何十年と乗らなくても、また乗れますよね。これと同じです。

私は特に今回のどん底では何者かに後ろから押されているかのように感じて、とにかく行動してきました。会津からの話があってからというもの、この八年間で合計三百回を越えるほど、東京と会津若松、猪苗代との間を往復してきました。

これだけ行動してみると、氣付くことがあります。

それは、「その次というものは自然とでき上がってくる」ということです。

とんでもないどん底から復活したことを「奇跡の復活劇」などと呼んだりしますが、私は、これは「自然にそうなっていくものだ」と感じています。

それはあくまで「本人から見て」です。

第六章でホームレスから抜け出して起業された方を二人紹介しましたが、本人にしてみれば、ただがむしゃらに前に突き進んできただけにすぎないと思います。ふと氣付くと自分が歩いているところから後ろに道ができてきているといった感じでしょう。

周りの人たちから「奇跡」だと映っても、本人にとっては毎日をせいいっぱいやっただけ。この「奇跡の人」に、どん底にある人は誰でもなれます。どん底が用意してくれているチャンスに氣付くかどうかだけです。

それは、「どん底に出会ってそれで良かったんだ」と感謝の氣持ちが出てきたときかもしれません。そのとき、自分の後ろを振り返ってみてください。

そこには自分が必死で歩んできた、自分だけの道がしっかりとあるはずです。

五　「村づくり」でこれから生きていく

会津原宿水織音の里で実際に村ができ上がれば、それは、自己破産ですべてを失ったどん底にあっても、思いをあきらめさえしなければこれだけのことが人にはできるんだということ、つまり、奇跡は起きるのではなく、起こせるんだということを証明する場になります。

私はこれまでお話ししてきたどん底経験の中で、自分を見失ったことはありません。むしろ、どん底のたびに自分がやっていることが間違っていると氣付かされたり、間違ってはいないだろうかと再確認させられたりしてきたように感じています。

現在のこの日本では、「自分がわからない」という人が増えています。年齢に関係なく、どん底にあるなしに関係なく、です。

「自分という存在をわかっていますか、知っていますか」

会社でも、社会でも、家庭でも、他人のことはよく見えるものです。ああだ、こうだと批判したりしますが、自分のこととなると、「わからない」「知らない」と答えます。

「人生は自分のためにあるものだ」と思っている私には、「自分をわからない、知らない」と言う方が不思議でなりません。

自分をわからなくなってしまったのは、なぜでしょうか。

理由があります。

それは、次に欲しいものがわからなくなってしまっているからです。どういう意味かといえば、これまでの豊かさのなかで、食べたいものは食べた。買いたいものは買った。車も一人一台で乗り飽きた。けれども、ココロは満たされない。日本人のように、急いでここまできてしまった人たちは、次に何が欲しいかがわからなくなってしまっているのです。

では、どうされると幸せを感じるのでしょうか。

十人が十人、人から認められたり、ほめられたりしたときには幸せだと感じるでしょう。つまり、最終的に欲しいものは、「自己実現」です。

このことに氣付いていないから、「自分がわからない」のです。

自分が認められる、ほめられるのは、自分が他人に対して何ができるのかを考えて行動したときです。

私はこの「昭和30年代村」を【自己実現ビジネス】であると位置づけています。単に昔ながらの建物を再現して、ノスタルジーに浸ってもらうためにこの村を作るのではありません。

「自分がわからない」という人が増えていること、そして、精神的に落ち込んで自信を失ってしまって「うつ」になる人が百万人を越え、そのうつから自殺する人が増えたというのは、今の日本を映し出す鏡です。このまま放っておいていいはずはありません。

私はこの村を通じて、自分の生き様に氣付いて前向きに生きていく人を作っていきたいと思っています。ここにきて村人との会話や生活を見ていただくことから自然と生きていく希望が感じられる場にしたいのです。

どん底では、一人で悩まないでください。

どん底では、ぜったいに自分で自分を追い詰めないでください。

私がみなさんのどん底を救う村を作ります。

これまでの話を聞いて少しは希望が持てたという人、どうぞ猪苗代に来てください。私とともに、どん底から抜け出しましょう。

あとがき

「ゼロに戻れる」と、氣付かせてくれたひと言

どん底になると、さっと自分の周りから人がいなくなってしまいます。私のように、頂点からいきなりたたき落された状態になると、まさに潮が引いて行くように私の周りからは人がいなくなってしまいました。

そして、人というのはこれほどまでに変わるものなのかということもどん底はまざまざと見せてくれます。

バブル崩壊のときの銀行員がそうでした。今回のどん底も、七九〇億円の会社破産と八三〇億円の自己破産で会社も自宅も全部失ってしまったのですから、他の人から見れば、「もう再起不能だろう」とか、「もうダメだろう」と思われても仕方がないことです。会社がつぶれたことで、私の周りから多くの人が去っていきました。

その一方で、こんな言葉をかけてくれる人もいます。

「川又さんのノウハウ、ツカサが作り上げてきたシステムは以前からそれなりに評価はしていましたが、あれだけの借金を背負っていたのでは、応援しようにもできませんでした。それは私だけではなくて、お金を持っている人であれば、みんなそうだったと思いますよ。でも、

川又さん、自己破産したことで、借金はなくなったんですよね」

この言葉に私はハッとしました。

「そうか、これで私はもう一度、ゼロに戻れるんだ」

「このどん底で、私は借金だらけのマイナスからようやくゼロに戻れるんだ」

自分でも思ってもみなかったことを言われた瞬間、私はこのどん底がなぜやってきたのかというその意味をわかったような氣がしました。そして、本当に大事なことに氣付いたのです。

『どんなどん底でも必ずやり直せる』


もう一度やり直すことです。あきらめてはいけません。次に自分がやりたいことがあるなら、何度どん底を味わおうと「いい経験だ、自分の人生を豊かにしてくれている」と思って絶対にあきらめないことです。

人生の成功者とは絶対にあきらめない人のことを言うからです。

また、やりたいことがない人は、見つける努力をあきらめないことです。どん底は自分の人生の分岐点。ポイントを切り替えれば、また違う道が見えてきます。次の道が用意されているから分岐点のどん底がやってきただけのことです。

そして、生きることをあきらめてはいけません。どん底は必ず時が解決してくれます。

どんなに苦しくても今日一日をなんとかして乗り切ることだけを考えてください。

悪いときが永遠に続くはずはありませんから。

「臥薪嘗胆《がしんしょうたん》」という言葉があります。薪の上に臥して苦い肝をなめるという、その文字通り、苦しい時期を耐え忍んでいずれは内に秘めた目的を果たすという意味です。

この言葉は、今から二三〇〇年以上も前の中国・戦国時代の史実から生まれました。この言葉が生まれた背景を少しお話ししましょう。

呉《ご》という国に夫差《ふさ》という王がいました。父は隣国・越に敗れて殺されます。父の仇を忘れぬために朝晩痛い薪の上に臥して身を苦しめ、ついには越王・勾践《こうせん》を破って父の仇を討ちます。

そして、敗者となった越王・勾践を奴隷とします。勾践は苦しい生活を苦い肝をなめて過ごします。いつかこの仕返しをしてやろうと国力を蓄えていきます。十数年の月日の後、勾践はついに呉王・夫差を破って積年の恨みを晴らします。

この実話から生まれたのがこの言葉で、「呉越同舟」という言葉も、この二人の王から生まれたものです。

この人たちが生きた時代を考えると、このときのどん底とは、すべてが命がけでした。

そんな時代を生き抜いた人たちの「どん底」と、今の「どん底」とは違うと思われるかもしれませんが、今は金融戦争をしています。この戦争のために爆発的に増えてきたのが生活弱者です。経済的理由から追い詰められて自殺する人です。お金が人の希望や夢、命までも奪ってしまっています。

どん底が命がけであることは昔も今もなんら変わりません。

私がこの二十年間以上にわたって背負っていた借金は一五〇〇億円という額でした。私も何度自殺しようかと考えたかわかりませんが、この呉王・越王のように「臥薪嘗胆」で、その苦しみ、辛さに耐え抜いてきたからこそ得られたものがあります。

それは、私自身の人生観、死生観です。

「人生とは、〝どう生きたか〟ではなく、〝どう生きようとしたか〟である」という、「人生の意味」に氣付きました。

〝どう生きようとしたか〟とは、「自分が死ぬときにどういう氣持ちで死んでいけるか」ということです。

多くの人は「どう生きたか」の結果ばかりを氣にして生きています。たとえば、成功して大きな家を遺したとか、お金持ちになったとか。そのために多くの人たちの幸福を犠牲にしていたら、そんな人の生き方を誰が尊敬するでしょうか。そんな人より、毎日家族のために働いている人、自分が我慢してでも懸命に子供を育てている人、苦労が報われなくても懸命に生きている人のほうが、よほど素晴らしい人生を生きていると思えたのです。

私は、自分が死んで、あちらの世界で、イエス様、お釈迦様、ご先祖様に逢うことになったとしても、「自分はこうして生きてきました」と正々堂々と胸を張って言える人生を生きたいと考えるようになりました。これが〝どう生きようとしたか〟という、私の生き方です。


私はこの企画をいただいて、自分のどん底をもう一度振り返ってみました。

私は自分ではどうしようもない、理不尽としか言いようがないどん底を幾度となく味わわされてきましたが、そのたびに「なぜ自分がこんな目にあわないといけないのか」と考えてきたことの結論が最近になってようやく見えてきました。

それは、「理不尽な目にあわされるのは、それこそがその人に与えられた人生のテーマを見つけ出すためなのだ」ということです。その結果として命を落とすことがあったとしても、それは天寿を全うしたことになると思えたのです。

どん底のときには、よく「生まれてこなければよかったんだ」、「生まれてこなければこんな目にあうこともなかったのに」と考えてしまうものですが、この世に生まれてきたいと思ったのはあなた自身だから、この世にいます。

どん底とは、自分の人生の「味」を確かめられるときです。

どん底とは、自分が生まれてきたことの意味を知る唯一のときです。


そう考えて、自分で自分を追い詰めていくことだけはやめてください。

最後に、私が最近聞いた話で、「あるロバの話」をしましょう。


あるところで年老いたロバが古井戸に落ちたそうです。

飼い主も村人も助け出そうとしますが、なかなかうまくはいきません。

どんどん元気もなくなっていきます。

そして、村人たちが最後に決めたのは、「ロバを井戸の中に埋めてしまおう」ということでした。

上から土を入れ始めると、ロバは悲鳴をあげましたが、だんだんとその悲鳴もなくなっていきました。

「残念なことをした」、「かわいそうに」と思っていた村人でしたが、そのロバは、上から落ちてくる土を自分で踏み固めて、上へ、上へと上ってきたのです。

この話が本当かどうかは別として、ここで私が言いたいのは、ロバは自分の状態をどん底とは思っていなかったことです。悲しい話として終わるのが、ロバが自分を埋めようとした土を土台にして井戸から出てきたという笑い話に変わっています。

本書がどん底状態にある人生を幾分かでも前向きに生きるための発想の切り替えになれば幸いです。

※　※　※

この本「どん底と幸せの法則」は、企画段階から丸七年も掛かって、ようやくこの世に出すことができました。それは、著者本人である私の都合やもともとこの企画を持ち込んで来た会社の都合で延期になってきたものでした。

そのままであれば、ボツになってしまう本だったかもしれません。

どん底をテーマにした本が、長年、どん底状態にありました。

しかし、この本は出る時期を待っていたのかもしれません。

それは、電子本が登場して、新たな本作りの可能性が広がったことで、「会津村塾文庫」が立ち上げられたのですが、なによりも、この数年間で格差、二極化が急速に拡がってしまったことです。特に消費税率が八%に引き上げられたことと、円安が急速に進んだことで、日々の生活に不可欠な食費やエネルギー代で負担増が始まったからです。

この本は人生におけるどん底を分析して、私なりのどん底脱出法を書いたものですが、この格差、二極化の時代、今の生活をし続けること、中流層に止まることが一番難しくなっています。そこでこれからの生き方として「下流化する」ことを薦めるものでもあります。一個人であれば、絶対に薦めたりはしませんが、今は「みんな揃って」です。

このどん底から再起したい人が集まる場を猪苗代、会津で作っています。「昭和30年代村」構想とは、まさに今のような時代がやってくることを予測していたので、これをなんとかしなければという思いから始まりました。

この本で人生のどん底の本当の意味を知って、そこから幸福な人生を歩む人を増やしたい、村作りで人生に生き甲斐を感じながら生き、「ああ、よかったな」と思える人生を送る人を増やしたいと思っています。

この本とのご縁が、人生のリスタートのきっかけとなれば幸いです。


電子本の出版にあたり、企画から編集、作成では秋山企画編集室の秋山忠生氏、そして、電子化では、株式会社スマイルメディア代表の高橋誠氏にお世話になりました。ここにその名前を記して、私の感謝の気持ちを表します。

そして、この電子本を青山ライフ出版株式会社の宮崎克子氏が読まれたことから、二〇一六年に「紙の本」として生まれることになりました。

電子本から紙の本となって全国の書店に流通するのは珍しいと思いますが、それはこれからの時代がどん底、ボンビーでも懸命に生きている姿とか考え方を必要としているからでしょうか。

二〇一五年六月に日本テレビ「幸せ!ボンビーガール」でボンビー転落社長として紹介されて以降、テレビ東京「ヨソで言わんとい亭」、関西テレビ「ウラマヨ」に続いて、TBS「爆報THEフライデー」とフジテレビ「ザ・ノンフィクション」で近々に私の生き様が放映される予定です。

紙の本として生まれ変わるきっかけを作っていただいた、宮崎克子氏と青山ライフ出版株式会社代表高橋範夫氏、そして本文デザインでは植野まりも氏、カバーデザインでは細野慶太氏にお世話になりました。

多くの方々のご協力があって本書ができました。

ここに深謝致します。

二〇一六年九月

川又三智彦

著者プロフィール

川又三智彦
Sachihiko Kawamata

1947 年、栃木県生まれ。米国ノースウェスタン・ミシガンカレッジに留学。帰国後、家業の不動産業を継ぎ、「ウィークリーマンション」で大成功を収める。しかし、バブル崩壊で「借金 1500 億円」に転落。その後、数々の事業を手掛けながら、独自に情報活用術や経済知識を会得する。その後、リーマンショックの影響から会社を清算することになったことで再びどん底へ。それでも新事業への挑戦をし続け、2002 年にひらめいた「昭和 30 年代村づくり」を会津若松で行っている。最近の主な著書には、「二極化ニッポン」（住宅新報社　2005）、「2017 年日本システムの終焉」（光文社　2006）、「2020 年の日本からの警告」（光文社　2007）、「人生の意味と量子論」（高木書房　2008）、「死の意味と量子論」（高木書房　2009）、「『奇跡』と呼ばれる現象の仕組みがわかった」（スマイルメディア　2014）「猪苗代・会津に昭和 30 年代村をみんなでつくろう」（スマイルメディア　2016）がある。

どん底と幸せの法則

著　者	川又　三智彦
発行日	2016年9月10日
発行者	高橋　範夫
発行所	青山ライフ出版株式会社 〒108-0014 東京都港区芝5-13-11 第2二葉ビル401 TEL　03-6683-8252 FAX　03-6683-8270 http://sibaabooks.aoyamalife.co.jp info@aoyamalife.co.jp
発売元	株式会社星雲社 〒112-0005 東京都文京区水道1-3-30 TEL　03-3868-3275
編集・制作協力	会津村塾事務局（秋山編集企画室）　秋山忠生
装幀	有限会社 サン企画　細野 慶太
印刷/製本	創栄図書印刷株式会社

ISBN978-4-434-22248-1